신이
원하는
것은

WHAT GOD WANTS
copyright ⓒ 2005 by Neale Donald Walsch (as in Proprietor's edition)
All rights reserved

Korean translation copyright ⓒ 2011 by Light Publishing Company
Published by arrangement with the original publisher, Atria Books,
a Division of Simon & Schuster, Inc.
through EYA (Eric Yang Agency)

이 책의 한국어판 저작권은 EYA(Eric Yang Agency)를 통한
Atria Books, a Division of Simon & Schuster, Inc. 사와의
독점계약으로 한국어 판권은 '빛'에 있습니다.

신이
원하는
것은

인류의 가장 큰 의문에 관한 강력한 대답

닐 도날드 월쉬

오인수 · 신업공동체

빛

번역에 도움 주신 분 : 조안박
윤문에 도움 주신 분 : 권태현, 김정현, 남두열, 류금숙, 서은희, 엄재록,
　　　　　　　　　　 이광남, 이순임, 이태영, 천동학, 최동용
과정에 함께 하신 분 : 김보경, 백동승, 이상근, 전재형, 조문형

신이 원하는 것은

1판 1쇄 발행 _ 2011년 5월 31일
옮긴이 _ 오인수·신업공동체
펴낸 곳 _ 빛
발행인 _ 흰빛 백지현
기획 및 본문 편집 _ 宙宇 박명기
표지 디자인 _ 화인 엄재록, 일치 김동구
주문 및 문의 전화 _ 0505-875-8080
주소 _ 경기도 파주시 교하읍 가람마을 벽산한라@ 110-1501~2
웹사이트 _ synai.kr
사용 글꼴 _ 윤체, 다음체, 나눔체, 서울체, 한겨레결체
가격 _ 10,000원
ISBN _ 978-89-960766-5-0 (03200)

이 도서의 국립중앙도서관 출판시도서목록(CIP)은
e-CIP홈페이지(http://www.nl.go.kr/ecip)에서 이용하실 수 있습니다.
CIP제어번호 : CIP2011002182

신이
원하는
것은

1.

극소수 사람들만이 이 책에 있는 내용을 믿을 수 있을 것이다. 적어도, 처음에는.

그런 점이 이 책을 모든 시대의 가장 믿기 어려운 책 중 하나로 만들 것이다.

2.

이 책은 인류 역사상 가장 중요한 질문에 관한 대답이다.
신이 원하는 것은 무엇인가?
그 대답은 많은 사람을 깜짝 놀라게 할 것이다.
심지어 그리 놀라지 않는 사람에게도, 그 대답은 극적으로 독특할 것이다. 그것은 사람들이 일반적으로 신에 관해 듣던 관념과 비슷하지도 않을 것이다.
신에 관한 인간의 관념은 삶과 사람에 관한 인간의 관념을 만들어낸다. 신에 관한 극적으로 다른 관념은 삶과 사람에 관한 극적으로 다른 관념을 만들어낸다. 만약 세상에 지금 바로 적용할 만한 게 있다면, 바로 이것이다.
우리는 전 세계적인 문화전쟁 직전에 있다. 포문을 열고 싸움은 이미 시작했다. 정말로 전면적인 충돌, 상상할 수도 없는 미래 세계대전이 오고 있는지도 모른다.
인류가 지금 나아가는 방향을 고려한다면, 더 큰 충돌을 피할 수 없는 것처럼 보인다. 하지만, 그렇지 않다. 그것을 막을 수 있는 아주 강력한 뭔가가 있다. 즉, 신에 관한 극적으로 다른 관념과 삶과 사람에 관한 극적으로 다른 관념이다.
만약 이런 관념들이 우리에게 받아들여지고 채택되기만 한다면, 우리가 살아가고 존재할 다른 길을 극적으로 만들어낼 것이다. 가치가 바뀔 것이다. 우선순위가 바뀔 것이다. 권력 구조와 권력 주체가 바뀔 것이다.

어떤 권력 주체들은 이런 일이 일어나길 원치 않는다.

이런 점이 이 책을 모든 시대의 가장 믿기 어려운 책 중 하나로 만들 뿐만 아니라, 가장 불온한 서적 중 하나가 될 수 있다.

3.

불온서적을 읽은 지 얼마나 됐는가?

당신은 짧은 시간 안에 이 책을 다 읽을 것이다. 이 책은 짧다. 그래서 불온할 뿐만 아니라 빠르기도 하다.

속도와 위험성. 그것은 종종 매혹적인 조합이다. 심지어 조금 흥분될지도 모른다. 위험과 흥분은 동전의 양면이다. 어느 쪽을 경험하는가는 당신이 무엇을 향해 달려가는가 아니면 무엇에서 달아나는가에 달렸다.

변화와 관련하여 당신은 어떤 방식으로 달리고 있는가? 거의 똑같게 남아 있기를 원하는가? 아니면 달라지기를 원하는가?

지금 그대로 남아 있기를 원한다면, 당신은 이 책을 위험한 것으로 여길 것이다. 어서 빨리 바꾸기를 원한다면, 당신은 이 책을 흥분되는 것으로 여길 것이다. 어느 쪽을 원하는가?

당신은 "글쎄요. 무엇을 이야기하고 있느냐에 따라 다르겠죠. 내 인생에 대해서 이야기하고 있는 겁니까? 내 직업? 내 결혼? 내 인간관계? 내 건강? 아니면 내 나라에 대해서 이야기하고 있는 겁니까? 세계 전반? 국제적인 정치 상황? 인류가 직면한 전 지구적 난제들?"이라고 말할지도 모른다.

그 점에 관해서 내가 도와주겠다. 우리는 그 모든 것에 관해 말하고 있다. 그 모든 부분. 이것이나 저것이 아닌 그 모든 것. 왜냐하면, 이 책 안에 있는 정보는 그 모든 것을 바꿀 수도 있기 때문이다.

권력가들(이들에게 변화는 근본적 위협이다.)뿐만 아니라 보통 사람들(이들에게 변화는 단순히 미지의 세계로 이끌어간다는 이유만으로 위협적이다.)에게도 변화를 제안하는 것은 위험한 일이 될 수 있다.

전 미국 부통령 앨 고어Al Gore는 「뉴요커」 New Yorker와 2004년 9월 인터뷰를 통해 이것을 정확히 지적했다.

"당혹스러운 변화의 세상에서, 거대하고 복잡한 힘들이 익숙하고 편안한 지침들을 위협할 때, 살기 위해 가장 깊은 뿌리를 가진 것처럼 보이는 나무줄기를 움켜잡고 매달리면서, 이것이 구원의 원천이 되지 않을 가능성을 절대로 의심하지 않는 것이 우리에겐 자연스러운 충동이다."

이 문장의 뒷부분(굵은 글씨로 강조)은 단 몇 마디로 신과 삶에 관한 인류의 믿음을 이야기한다.

고어는 그의 다음 진술에서 이것을 더 확실히 한다.

그는 말한다. "그리고 가장 깊은 뿌리는 아주 오래된 철학적·종교적 전통들 안에 있다."

앨 고어의 통찰은 우리를 중대한 질문과 마주하게 한다. 뒤로 돌아가는 것go way back에 의해 앞으로 나아갈 길way forward을 찾을 수 있는가?

대답은 '아니다'이다.

그리고 앨 고어가 언급한 것처럼, 우리가 철학적·종교적 전통이 구원의 원천이 되지 않을 가능성은 묻지 않는다 하더라도(아마도 그런 의심에 의해 위협을 느낄 것이므로), 그 전통들에 의문을 제기하지 않으면 더욱더 큰 위협이 닥칠 수 있지 않을까?

대답은 '그렇다'이다.

그리고 지금이 그런 시대다.

오늘날 세상의 가장 큰 위험은 의문 제기가 아니라 모든 답이 우리에게 있다는 전제에 있고, 변화로의 초대가 아니라 변화에서 달아나는 성향에 있으며, 신과 삶에 관한 극적인 새로운 관념이 아니라 여전히 낡은 관념에 매달리는 데 있다.

만약 그 낡은 관념을 계속 신봉한다면, 인류가 현재 알고 있는 모습의 삶은 21세기 전반기를 넘기기 어려울 수 있다. 지금 상황으로는 2025년조차 넘기기 어려울 수 있다.

나도 안다. 이 말이 과장처럼 들린다는 걸 안다.

그러나 그렇지 않다.

신문을 읽어보라. TV 뉴스를 보라.

머지않아 몇 해 안에, 인류는 진화 과정에서 비약적으로 도약하든가, 아니면 구시대적 착오의 무게에 짓눌려 비틀거리고 휘청거리다가 결국 무너져 퇴보할 수도 있다.

이런 일은 전에도 일어난 적이 있다.

한 종種의 기술적 진보가 도덕적, 윤리적, 영적 발전을 앞지를 때 일어날 수 있는 일이다.

그때 우주가 대처해야 하는 상대는 성냥을 가지고 노는 어린아이다.

오늘날, 그것이 우리다.

인류는 진화의 유년기에 있다. 여기에 무슨 잘못이 있는 것은 아니다. 유년기는 놀라운 시기지만, 또한 대단히 조심해야 하는 시기이기도 하다.

우리가 유년기 동안 행하는 것들에 주의한다면— 작가인 로버트 풀럼Robert Fulghum이 제안하듯, 우리가 길을 건너기 전에 양쪽을 살핀다면, 나눔을 배운다면, 손을 잡고 서로 이해한다면, 달리지 않고 걷는다면, 밀치지 않는다면, 밀쳤을 때는 미안하다고 말한다면, 어질러놓은 것을 청소한다면, 형제자매들과 싸우기를 그만둔다면— 우리는 성장할 것이고, 우리의 미래는 눈부실 것이다.

나는 그런 일이 일어나리라 믿는다. 우리가 만들고자 하는 미래가 너무나 눈부시리라 믿는다! 그러나 나는 다른 방식으로 결론 날 수도 있음을 안다. 그리고 우리가 행동을 시작하지 않는다면, 아주 당연히 그럴 수 있음을 안다. 이것을 인식하지 못하는 점은 무모하며, 무모함보다 더한 무책임한 짓이다. 어린애들이나 할 법한 짓이다.

사람들은 대부분 인류는 불멸이며, 우리 종種은 뭔가에 의해 뿌리째 뽑히거나 제거되거나 광범위하고 돌이킬 수 없는 어떤 방식으로도 부정적인 충격을 받을 수 없으리라고 믿고 싶어 한다.

최근의 세계적 사건들을 고려해보면, 이것은 사람들이 대부분 믿기 어려운 것을 기꺼이 믿는다는 것을 시사하는 것 같다. 그리고 그것은 흥미로운 질문을 던진다. 사람들이 믿기 어려운 내용은 기꺼이 믿으면서, 왜 이 책의 내용은 믿지 않는가?

4.

이 책의 내용을 많은 사람이 믿기가 아주 두려울 것이다.

지금부터 극적으로 다른 관념이 여기 이 책에서 펼쳐질 것이다. 그래서 기존체제는 이 관념에 반대할 것이니, 어떤 나라에서는 이 책에 있는 내용을 큰 소리로 말하면 살해당할 수도 있다.

성난 군중에 의해서가 아니라.

정부에 의해서.

당신은 국가의 법률에 반하는 범죄를 저지른 것으로 기소될 수도 있고, 사형을 선고받을 수도 있다. 어떤 나라에서는 살해당하지는 않더라도, 비판받고 욕먹고 추방당할 수도 있다. 당신이 맡고 있던 중책에서 밀려날 수도 있고, 당신의 견해가 거의 무시당할 것이 확실하다.

그렇다. 여기에 쓰인 것은 그 정도로 위험하다.

분명히, 신이 원하는 것에 관한 정보는 하찮은 것이 아니다. 사실 그것은 아주 중요하기 때문에, 책 전체에 걸쳐서 그 말이 나올 때마다 그 단어들은 돋움체로 표시된다. 나는 그 단어들이 눈에 띄기를 원하기에, 돋움체로 표시했다.

당신도 알다시피, 전 세계의 수많은 사람이 신이 원하는 것에 관해 배포된 정보에 근거해서 인생을 살아가고 있다. 그래서 만약 이 주제에 관한 세상의 사전 정보가 부정확하다면, 세상은 큰 문제에 빠질 수 있다.

5.

이 주제에 관한 세상의 사전 정보는 부정확하다.
세상은 큰 어려움에 부닥쳐 있다.

6.

 세상이 큰 어려움에 빠져 있을 필요는 없다. 그러기로 선택했기 때문에 그렇다. 세상 사람들이 달리 선택할 수 있음에도.
 나는 조만간 사람들이 달리 선택할 것으로 생각한다. 나는 그들이 지긋지긋해한다고 생각한다. 폭력·테러·살육이 지긋지긋하다. 그것들을 일으키는 언쟁·분쟁·전쟁이 지긋지긋하다.
 그들은 자신들의 삶이 작동하지 않음에, 관계가 해체되고 업적이 무너지는 것을 목격하고 있음에, 꿈이 흩어져 사라져버림에 지긋지긋해하고 있다.
 하루하루가 고난과 역경으로 채워지는 그런 투쟁이 세계 곳곳에서 벌어지는 것에 지긋지긋해한다. 두 걸음 앞으로 나아가는가 싶더니 한 걸음 물러날 수밖에 없는, 바람에 맞서 끝도 없이 계속 힘겹게 걸어나가는 인간사회가 지긋지긋하다.
 인류는 더는 참을 수 없어서 "다른 길이 있어야만 해!"라며 말하고 있는 게 보인다. 다른 길이 있어야 한다는 것이 우리에게 점점 더 분명해지고 있다. 우리는 정말 그런 선택을 해야 한다.
 때때로 사람들은 선택의 여지가 없어서 살아온 방식대로 살아야만 한다고 생각한다. 상황의 겉모습 덕분에 종종 그 상황이 정말 실재인 것처럼 보일 수 있다. 그러나 절대로 실재가 아니다. 절대로.

사람들에게는 선택권이 정말 있으며, 이 책은 당신에게 그것을 증명할 것이다. 사람들은 자신이 창조하는 삶에 관한 선택권이 있고, 그들이 살아가는 삶을 경험하는 방식에 대해서도 선택권이 있다. 이 책의 마지막 장을 덮기 전에, 당신은 자신의 선택들을 현실로 만들어줄, 존재하는 가장 강력한 도구들을 받게 될 것이다. 지금으로선 "선택을 달리하는 사람이 다른 세상을 만든다."라는 점만 알아두라.

지금은 선택의 대가들이 나서야 할 때이다. 그러지 않으면, 세상은 가던 방향으로 계속 나아갈 것이다. 그 방향은 인류가 가고 싶다고 말하는 쪽이 아니다. 그런데 인류는 이와 관련해서 무엇을 기꺼이 하고자 하는가? 이것은 이제 공공연한 질문이다.

만약 인류가 가고 싶은 방향에 관한 최상의 발상을 역설하지 않는다면, 자동으로 최악의 관념이 채택될 수도 있다. 이 순간 세계 곳곳에서 일부 사람들의 마음에 일어나고 있는 일이 바로 이것이다.

세상이 이런 식인 이유는 이런 식으로 **되어야** 하기 때문이라고 말하는 사람들이 있다. 그들의 말에 따르면, 이런 것이 바로 '종말'이며, 이것이 신이 원하는 것이다.

그러나 그들은 사람들이 **구원받을** 수 있다고 말한다. 사람들은 낙오될 필요가 없다. 환란이 닥칠 때에도, 사람들은 구원받을 수 있다. 그들이 해야 할 일은 결국 복음을 받아들이는 것뿐이다.

글쎄, 나에게 당신을 위한 복음이 있다면, 이것이다.

인류는 신이 원하는 것을 알지 못한다.

7.

이점을 숙고해보라. 만약 인류가 신이 원하는 것을 정말로 이해한다면, 그리고 그 정보로써 긴 세월을 보낸 후 인류가 할 수 있는 최상의 상황이 현재의 세상이라면, 밝은 내일을 위한 희망이 얼마만큼이나 있을 수 있을까?

만약 우리가 신에 관해 알아야 할 정말로 중요한 모든 걸 알고 있고, 신에 관해 계시받고, 배우고, 전해 듣고, 찬송한 모든 것이 인류를 이런 상태로 이끌어왔다면, 이 모든 것이 무슨 소용이 있는가?

하지만, 만일 우리가 신에 관해 배울 새로운 어떤 것, 우리가 이해해야 할 더 많은 뭔가가 있다면, 인류의 상황이 변할 가능성은 여전히 있다. 희망이 있다. 우리가 알고 있는 지구에서의 삶이 파괴된 후 내세에서 더 좋은 무언가를 누릴 희망이 아니라, 모든 것이 파괴되기 전 바로 지금 여기에서 더 유익한 어떤 것을 위한 희망이 있다.

그러나 아주 중요한 몇몇 질문들을 묻고 답하기 전에는, 그런 희망이 실현될 수 없다.

인류는 자신의 가장 원시적인 본능을 극복하는 것에 아주 완고하고, 전혀 내켜 하지 않으며, 정말 무능하다는 점이 사실인가? 아니면 남겨진 어떤 가르침과 지금도 놓치고 있는 어떤 정보와 이해하지 못한, 신과 삶의 어떤 중요한 측면이 여전히 있지 않을까?

정보를 받아들이는 사람이 아니라, 정보 자체가 문제 아닐까?

신과 삶에 관한 인류의 이해가 '틀렸다'기 보다는 단순히 불완전한 것이 아닐까?

마침내 인류가 신에 관한 탐구의 문을 새로운 방식으로 열어젖혀야 할 때가 아닌가?

세상에서 신에 관한 논의는, 너무나 오랫동안 한쪽으로만 진행됐다. 신을 이해하기 위해 정말로 중요한 모든 것을 우리가 이미 들어서 알고 있다고 말하고, 인류의 문제는 제대로 알지 못하는 사람들에 의한 것이 아니라 자신의 이해대로 행동하지 않는 사람들에 의해 생긴다고 말하는 자들에 의해 주로 주도됐다.

이것은 일반적인 견해지만, 그릇된 생각이다. 진실은 정반대다. 가장 큰 문제들을 수없이 일으킨 이는 신에 관해 알고 있었던 대로 행동한 바로 그 사람들이다.

이들이 신이 원하는 것을 알고 있다고 생각했던 사람들이다.

기독교를 위해 세계를 정복하려고 200년간 십자군전쟁과 종교재판의 잔혹 행위를 일으킨 이들이 신이 원하는 것을 안다고 생각했던 사람들이다.

약탈자들을 널리 보내어 모든 땅과 문화를 정복하여 이슬람 국가 아래에 두라고 이슬람의 군대에 명령한 이가 바로 신이 원하는 것을 안다고 생각했던 사람들이다.

자신들을 선민이라 부르며 원주민들의 소유라고 주장한 땅을 빼앗고는, 그 땅에 다른 사람들이 수천 년 동안 살아온 역사적 사실은 완전히 무시한 채, 그 사람들에게 이제 그 땅에서 물러나 그들의 고향에서 동등한 권리 없이 하급 시민으로서, 어디서 어떻게 살지 명령대로만 하라고 말하는 사람들이 신이 원하는 것을 안다고 생각했던 사람들이다.

마을광장에 사람들을 매달고, 성경을 들어 올리며 그들을 마녀로 선고하면서 화형에 처했던 사람들이 신이 원하는 것을 안다고 생각했던 사람들이다.

다른 종족의 사람과 결혼하거나, 성인들이 합의해서 하는 특정 성적 행위를 불법화하는 법을 통과시킨 사람들이 신이 원하는 것을 안다고 생각했던 사람들이다.

사람들이 노래 부르거나, 춤추거나, 인물화를 그리거나, 성스러운 노래를 제외한 모든 종류의 곡을 연주하는 것을 금지하는 문화금지법을 만든 사람들이 신이 원하는 것을 안다고 생각했던 사람들이다.

신의 이름을 입 밖에 내거나 쓰는 것은 금지되지만, 신의 이름으로 살인을 하는 것은 괜찮다고 말한 사람들이 신이 원하는 것을 안다고 생각했던 사람들이다.

이 모든 것이 정말로 신이 원하는 것인가?

확신하는가?

우리는 여기서 사소한 것을 이야기하고 있는 것이 아니기에, 확신하는 것이 중요하다.

신이 원하는 것에 관해 우리가 교육받아온 많은 것이 있다.

이 가르침들이 정확한가? 같이 살펴보자.

8.

 신이 원하는 것에 관해 조상이나 부모, 교사, 다른 권위 있는 인물에게서 들어온 것들에 관해 간단한 조사를 해보자. 일부 사람들은 이런 조사가 힘겨울 수도 있다. 그래도 어쨌든 해보자.

 전해 내려온 이 메시지들은 세계적 종교 단체인 유대교, 기독교, 이슬람교의 교리에 적어도 막연히 집착하거나 또는 깊이 영향을 받는 문화 속에 사는 수많은 사람에게 지금의 관점과 관념, 경험들을 창조해왔다. 또 이 가르침들의 어떤 부분은 다른 종교의 한 부분이 되기도 했다. 그 결과 무수한 세상 사람이 이 관념들에 노출되었고 그것들에 깊은 영향을 받아왔다.

 가장 명백한 주제들을 먼저 살펴보자.

신

 신은 지고의 존재며, 천지의 창조자며, 생명의 수여자며, 전지전능하고, 무소부재하고, 인간의 이해를 넘어서 지혜롭다는 점을 인간이 당연시하는 것이 바로 신이 원하는 바라고 수많은 사람이 들어왔다.

 신은 알파요 오메가고, 시작이요 끝이며, 부동의 동인이고, 인류에게서 분리되어 있지만, 자신의 형상으로 인간을 창조한 존재다. 생명에서 분리했지만, 인간에게 주는 그의 선물로서 생명을 창조한 존재다.

사람들은 대부분 신은 단 하나의 신, 통합된 신, 존재하는 유일한 신이라고 들어왔다. 알라는 문자 그대로 '신'을 의미한다. 어떤 사람들은 이 하나의 신이 세 부분으로 나누어져, 셋 중 하나가 인간이 되었다고 들어왔다. 어떤 사람들은 하나 이상의 신이 있다고 들어왔다. 그리고 어떤 사람들은 신은 전혀 없다고 들어왔다. 21세기 사람들은 대부분 어떤 방식으로든 신을 믿는다.

신을 믿는 대다수 사람은 신이 원하는 것은 사랑과 정의라고 들어왔다.

첫 번째 임무를 다하기 위해, 신은 각각의 사람마다 신과 화해할 충분하고 반복되는 기회를 준다.

두 번째 임무를 다하기 위해, 신은 개별 인간의 삶이 끝날 때 영혼이 천국에서 영원한 보상을 받을지 지옥에서 영원한 저주를 받을지를 평가하여 각 인간 영혼마다 심판한다.

대다수 인간은 신이 '질투하는 신'이라고 들어왔다. 신은 '복수하는 신'이다. 신은 분노로 가득 찰 수 있고 인간존재에게 직접 폭력을 행사할 수 있는(그리고 인간존재에게 서로 그렇게 하라고 권유하거나 심지어 명령하는) '화내는 신'이다.

또 신은 '보살피는 신'이고, '온화한 신'이고, '자비로운 신'이고, 인간존재를 위해 최상만을 원하는 '사랑하는 신'이라고 그들은 들어왔다. 인간이 해야 할 바는 그에게 복종하는 것이다.

할 것과 하지 말 것을 신이 인간에게 정확히 말해줬기에 인간이 신에게 복종하는 법은 알기 쉽다. 그것은 모두 신성한 경전에 있고, 또한 지상에 있는 신의 개인적 대리인의 말과 가르침에서도 찾을 수 있다.

이것이 다수 인류의 믿음이다.

이 가르침의 결과로, 다수 인간존재는 신을 무서워하고 있고, 또한 신을 사랑한다. 그래서 많은 사람이 두려움과 사랑을 혼동해서, 두 개가 어떤 식으로든 연결된 것으로 보려고 한다. 신과 관련해서, 우리는 무서워하길 사랑하고,(우리는 '신을 두려워하는 것'을 미덕으로 만들었다.) 사랑하지 못할까 무서워한다.(우리는 "네 마음을 다하고, 네 가슴을 다하고, 네 혼을 다해 주이신 네 하나님을 사랑하라."라고 명받았다.)

인간은 자신이 신에게 복종하지 않는다면 신이 인간에게 무엇을 벌할지 두려워하며, 신이 끝없는 고문으로 그들을 벌주리라고 들어왔다. 따라서 다수 인간존재는 자신의 삶을 규정하고, 상황이나 사건들을 해석하고, 결정을 내릴 때, 신의 말·소망·승인에 적합한 자신의 이해에 심하게 의존한다.

전 미국 대통령 조지 부시가 대통령이었던 그의 아버지에게 조언을 구한 적이 있느냐는 질문을 받았을 때, 그는 '더 높은 아버지'에게 조언을 구한다고 대답했다.

2004년 11월 부시 대통령이 재선된 다음 날, 기독교 근본주의 학교인 밥 존스Bob Jones 대학의 총장인 밥 존스 3세에게서 편지를 받았는데, 거기에는 부시가 보수적인 판사들을 임명하고 '성서적 규범으로 규정된' 법률을 승인하기 위해 그의 권한을 사용해야 한다고 쓰여 있었다.

"당신의 재선으로, 신은 자비롭게도 미국에(미국이 그걸 받을 만한 자격이 없더라도) 이교도의 계획을 취소할 기회를 허락하였습니다." 존은 2004년 11월 3일 부시에게 축하편지를 써서 대학 웹사이트에 올렸다.

그 편지에서 말하길, "당신은 권한을 부여받았습니다. … 당신이 의도했던 계획을 최우선으로 밀어붙이십시오. 당신은 진보주의자들에게 빚진 게 없습니다. 그들은 당신의 그리스도를 싫어하기 때문에 당신을 싫어합니다."

하마스의 새로운 영적 지도자인 압델 아지즈 란티시Abdel Aziz Rantisi가 2004년 봄 가자Gaza의 이슬람 대학에서 연설했을 때, 그는 미국과 부시와 이스라엘 샤론 총리에 대항하여 "신이 전쟁을 선포했다. 그들과 맞서는 신의 전쟁은 계속되고, 나는 하마스의 손에 의해 팔레스타인 땅에 승리가 도래하는 것을 볼 수 있다."라고 거기 모인 사람들에게 말했다. 란티시는 이스라엘의 로켓 공격을 받아 자신의 차에서 2주 뒤에 살해당했다.

앞에서 언급했듯이, "신에 관한 인간의 관념은 삶과 사람에 관한 인간의 관념을 만들어낸다."

이것은 괴롭지만 분명하다. 뼈아프지만 명백하다.

신의 말씀과 메신저

신이 원하는 것은 신의 말씀이 성스러운 경전과 신성한 텍스트에 담겨 있는 것으로 인식되고, 신의 메신저가 존경받고 경청되고 추종되는 것이라고 많은 사람이 들었다.

성스러운 경전과 신성한 텍스트는 아주 많다. 몇 개만 예를 들자면, 바가바드 기타, 아디 그란트Adi Granth, 하디스Hadith, 모르몬경, 역경, 고사기, 논어, 마하바라타, 마스나비Mathnawi, 신약성서, 팔리어 경전, 코란, 탈무드, 도덕경, 토라, 우파니샤드, 베다, 요가경전 등이다. 많은 사람이 이 텍스트 중 오직 하나만 옳고 나머지는 틀렸다고 들어왔다. 만약 당신이 '틀린' 가르침을 선택한다면, 당신은 지옥에 갈 것이다.

메신저들도 많다. 노아, 아브라함, 모세, 공자, (붓다라 불리는)고타마 싯다르타, (구세주라 불리는)나사렛 예수, (가장 위대한 예언자라 불리는)무하마드, (깨달은 자라 불리는)파탄잘리, (축복받은 자라 불리는)바훌라, (신비가라 불리는)잘라루딘 루미, (마스터라 불리는)파라마한사 요가난다, (다양하게 불리는)요셉 스미스 등등. 많은 사람이 이 메신저 중 오직 한 사람만 옳고 나머지는 틀렸다고 들어왔다. 만약 당신이 '틀린' 메신저의 메시지를 선택한다면, 당신은 지옥에 갈 것이다.

이런 가르침의 결과로, 인간존재는 수천 년 동안 옳은 텍스트가 어떤 것이고 옳은 메신저가 누구인지 알아내려고 노력해왔다. 특정 메신저의 추종자들과 특정 텍스트의 신봉자들은 자신들 종파의 메신저와 텍스트가 사람들이 의지해야 할 유일한 것임을 나머지 세상 사람들에게 확신시키려고 해왔다.

역사를 통틀어 많은 경우 개종하려는 이런 시도는 폭력으로 변했다. 이 행성에서는 신의 이름으로 또는 신의 목적을 위해 전쟁이 일어나지 않거나 사람이 죽지 않는 날이 거의 없을 정도였다.

모든 주요 종교의 성스러운 경전들은 정복하고, 처벌하고, 살인하는 것은 신 자신이 반복해서 해온 것이므로, 신의 이름과 신의 메신저 이름 아래서 정복하고, 처벌하고, 살인하는 것은 용납될 수 있고, 어떤 상황에서는 요구된다고 가르친다.

이것이 많은 세상 사람이 믿는 신이 원하는 것이다.

천국과 지옥

신이 원하는 것은 사람들이 선하게 사는 것이고, 선한 사람들은 천국이나 낙원에 가는 반면, 나쁜 사람들은 지옥, 게헨나Gehenna, 하데스Hades에 가는 것이라고 많은 인간이 들어왔다. 천국에 있는 사람들은 신과 재합일해서 끝없는 지복 속에서 살 것이고, 지옥에 있는 사람들은 끝없는 고통의 저주를 받은 다른 악인들과 함께 살 것이다. 각각의 개별 영혼이 가게 될 곳은 심판의 날에 평가로 결정될 것이다.

어떤 사람들은 지옥이란 그들이 삶에서 지은 악업에 의한 빚을 갚을 때까지 죄인들이 악마에게 고통받는 일시적 경험이라고 들어왔다. 반면에 다른 사람들은 지옥이란 영혼이 여러 번 환생하는 여정에서 하나의 양상일 뿐이라는 정보를 받아왔다.

이 가르침의 결과로, 다수 사람은 자신들의 전체 삶을 '지옥행'을 피하기 위한 투쟁과 '천국행'을 위한 희망에 초점을 맞추어 왔다. 그들은 이런 결과를 만들어내기 위해 비정상적이고 때때로 충격적인 일들을 해왔다.

천국과 지옥의 개념은 인간의 행동뿐만 아니라 삶 그 자체에 관한 인간의 전체적인 이해도 형성해왔고, 또한 인간의 역사도 형성해왔다.

삶

인생은 학교며, 배우는 곳이고, 시험 치는 기간이며, 영혼이 왔던 곳인 천국의 신에게 되돌아갈 짧고 소중한 기회다. 이런 것이 신이 원하는 것이라고 다수 사람은 들어왔다.

또 삶이 끝나야 진정한 기쁨이 시작된다고 들은 사람들이 많다. 모든 삶은 영혼이 영원성을 체험할 수 있는 서막으로, 전조로, 발판으로 여겨져야 하므로, 삶은 내세를 내다보면서 살아야만 한다. 지금 획득된 것은 영원히 체험될 것이므로.

또 삶은 보고, 듣고, 맛보고, 만지고, 냄새 맡을 수 있는 오감으로 구성되어 있으며 그 이상이 아님을 당연시하는 것이 곧 신이 원하는 바라고 믿는 사람이 대부분이다.

이런 가르침의 결과로, 인간은 인생이 쉽지 않으며, 또한 쉬워도 안 된다고 믿는다. 삶은 투쟁의 연속이다. 이 투쟁에서 오감으로 인식되는 것 외에 다른 모든 것은, '초자연적'이거나 '신비주의적'인 것으로 여겨지고, 따라서 '악마와 거래'나 '사탄의 일'이라는 범주에 들어가게 된다.

인간은 신에게 돌아가기 위해, 신의 인자한 은총으로 돌아가기 위해 투쟁하고 있다. 그들은 본향으로 돌아가기 위해 투쟁하고 있다. 이것이 삶이란 것이다. 인생이란 혼이 육체 안에 살면서, 자신이 분리되었던 신으로, 본향으로 돌아가려는 몸부림이다.

종교적 신념을 지닌 사람들은 대부분 천국과 지옥에 몹시 집중한다. '천국행'이 삶의 궁극적 목적이라고 믿는 사람들과 지상에 있는 동안 특정한 일을 함으로써 천국으로의 입장을 보장받을 수 있다고 진심으로 열렬히 믿는 사람들은 당연히 그런 일을 하려고 애쓸 것이다.

갑자기 죽더라도 영혼이 심판받는 날을 대비해서 정기적으로 참회하고, 자신의 죄를 면하게 할 것이다. 그들은 한 번에 몇 시간 동안, 며칠 동안, 혹은 몇 주 동안 금식할 것이고, 멀리 떨어진 성지로 순례 여행을 떠날 것이고, 매주 빠지지 않고 교회, 절, 모스크(이슬람교 사원), 시나고그(유대교 회당)에 갈 것이고, 수입의 10%를 십일조로 낼 것이고, 특정 음식을 먹거나 먹지 않을 것이고, 특정 옷을 입거나 입지 않을 것이고, 특정 말을 하거나 하지 않을 것이며, 모든 종교의식에 참가할 것이다.

그들은 자신이 가치 있는 사람이라는 것을 신에게 증명하기 위해 종교의 규정을 지킬 것이고, 자기 신앙의 전통적 관습을 존중할 것이며, 영적 지도자의 지시를 따를 것이고, 그래서 천국에 자신을 위한 자리를 마련하려고 할 것이다.

만약 아주 괴롭고, 엄청나게 억압받고, 충분히 불행하다면, 어떤 사람들은 천국에서 보상받기 위해 그들 자신의 삶조차 끝장낼 것이고, 다른 사람들을(정말 무고하고 전적으로 잘못이 없는 사람들을 포함하여) 죽일 것이다.

(만약 그 약속된 보상이 마침 72명의 검은 눈동자의 처녀들과 영원히 지내는 것이라면, 그리고 문제의 그 사람이 때마침 암울한 미래에다가 가난에 찌들고, 불공평함으로 얼룩진 오늘날을 살아가는 18~30세의 남자라면, 그들이 그런 비정상적이고 파괴적인 결정을 할 가능성은 10배로 늘어날 것이다.)

이런 것이 신이 원하는 것이라고 믿기 때문에 그들은 이렇게 할 것이다.

그러나 과연 그러한가?

9.

신과 신의 소망에 관한 우리의 관념이 너무나 많은 부분에서 인류의 관점에 영향을 미쳐왔기에, 삶에서 상호작용하는 어떤 다른 영역을 이 목록에 포함할지 결정하기가 어렵다. 사실, 이 탐구는 책 전체를 다 채울 수도 있지만, 우리는 그렇게 장황하게 다루지 않을 것이다. 우리는 몇몇 주제만 조사할 것이다. 남성과 여성, 결혼, 섹스, 동성애, 사랑, 돈, 자유 의지, 고통, 도덕, 그리고 죽음.

이것들에 관해 우리의 조상과 동시대의 교사들이 우리에게 이야기해온 것을 살펴보자. 신이 원한다는 것을 알아보자.

남성과 여성

다수 사람은 신이 남성임을 당연시하는 것이 신이 원하는 바라고 들어왔다. 그 결과 신을 조금이라도 믿는 사람들은 대부분 이것을 진실이라고 생각한다. 신이 남성이라는 개념은 워낙 널리 퍼져 있어서, 신이 '그녀'라고 언급되는 것을 들으면 충격을 받는다.

또 신은 남자·여자가 특정한 역할을 맡기를 원하고, 삶에서 특정한 방식으로 대우받기를 원하며, 이 모든 것을 신이 성스러운 경전 안에 구체적으로 명시했다고 들어왔다.

이 가르침의 결과로, 세상의 거의 모든 문화에서 남성은 여성보다 우월하다고 여겨진다. 어떤 문화에서는 여성이 학교에 가도록 허용되지 않고, 권위나 책임이 있는 자리가 허용되지 않고, 남자 친척의 동행 없이 집을 나서는 것이 허용되지 않고, 공공장소에서 신체 일부를 보이는 것이 허용되지 않아서 머리부터 발끝까지 가리도록 요구받는다.

(이러한 다수의 문화적 제한은 여성을 보호하고 존중하는 것으로, 또는 '유혹'으로부터 남성을 보호하는 것으로 정당화된다.)

법정에서 여성의 증언은 남성의 증언에 비해 절반의 가치밖에 없어서, 충분한 증거의 기준을 충족시키려면 두 명의 여성 증인이 필요하다. 남편의 구타나 잔혹 행위, 간통에 관한 여성의 증언은 그녀가 입증하는 증거를 보여줄 수 없다면 무시된다. 반면에 남성은 자신의 아내가 부정을 저질렀다는 진술만으로도 그녀를 돌에 맞아 죽게 할 수 있다. 그의 주장 하나면 족하다.

또 유산 상속에서 여자의 몫은 남자의 절반만 인정된다. 이것의 배후 논리는 남자가 자신의 가족에 관해 경제적으로 책임을 지지만 여자는 그렇지 않다는 것이다. 이것은 다른 문화에서 여자가 같은 일을 하면서도 남자와 동등한 임금을 받는 것을 막았던 그 논리다. 당연히 이런 논리로 물론 남자가 평생 결혼하지 않아서 가족이 없거나, 과부가 되는 여자가 많거나, 만일 동등한 대우를 받는다면 여자가 이 역할을 남자에게 양보하지 않을 것이고 양보할 필요도 없었을 것이라는 사실은 무시된다.

일부 남성 우월적인 문화에서, 여성의 생식기는 훼손되고, 잘리고, 꿰매진다. 여성에게 성적 즐거움을 제거해서 남편이 주도하는 것이 아닌 다른 성적 접촉을 하고 싶은 유혹을 줄이기 위해서라고 한다. 어떤 경우에 이 훼손은 여자아이를 바람직하고 적절하고 훌륭한 결혼상대로 만드는 통과의례로 여겨진다.

여성에 관한 극도의 편견을 반영하는 다른 문화적 규범을 살펴보자면, 여성이 여러 종파에서 성직자가 되는 것을 막거나, 시민사회나 법조계나 기업체의 권력자와 권위자에 오르는 것을 막거나, 정치나 정부에서 요직을 차지하는 것을 막는 관습이 이에 해당한다.

일부 문화의 소수 여성이 이런 관습을 극복해왔지만(다수 문화에서 그들은 여전히 시도조차 허용되지 않지만), 이러한 여성들이 국제사회에서 아주 눈에 띄는 자리에 앉거나 힘 있고 영향력 있는 역할을 하는 것으로 인정받는 것은 언제나 투쟁이고, 특별한 경우고, 힘든 오르막길이다.

조지아주 로마의 카트리나 브룩스Katrina Brooks는 그 모든 경험이 포함돼 있다. 루이스 추Louise Chu가 「AP통신」에 쓴 2004년 9월 25일의 보도 내용에 따르면, 카트리나는 남부침례교회의 일원으로서 소명을 느껴 목사가 되고 싶어 했다. 그녀는 버지니아주 리치먼드에 있는 침례신학교에 등록했고, 그 후 자신과 이미 성직자로 임명된 그녀의 남편 토니Tony 브룩스 둘 다를 부목사로 받아줄 교회를 찾았다. 2003년 11월 조지아주 로마에 있는 북부 로마 침례교회는 이 부부에게 교회의 신도들을 이끌어달라고 부탁했다.

모든 사람이 기뻐한 것은 아니었다.

추의 말에 따르면, 2000년에 나온 「침례교인의 신앙과 메시지」Baptist Faith and Message의 개정판은 여성 목사들에 관한 강경노선을 취한다. 그 교단의 최고 강령은 "여자는 조용히 복종하는 가운데 배워야 한다. 나는 여성이 남을 가르치거나 남성을 지배하는 것을 허락하지 않는다. 여성은 침묵을 지켜야 한다."라는 디모데전서 1장 11~14절을 인용하면서 "성경에 나와 있는 대로 목사직은 남성에게만 한정된다."라고 말한다.

카트리나와 그녀의 남편이 그들의 새 교회에 도착한 지 2주가 됐을 때, 그녀의 동료 성직자(모두 남자) 중 일부는 이 문제를 논의하기 위해 플로이드시 침례교단회의를 소집했다. 그들은 그 교회가 사실상 교단에서 탈퇴할 것을 강요하라는 입장을 교단이 채택하기를 원했다.

많은 세상 사람이 이런 성의 차별대우가 신이 원하는 것이라고 믿는다. 어쨌든 그들은 성서가 그렇게 쓰여있다고 말한다. 그리고 다른 종교의 경전들도 마찬가지다.

결혼

종을 번식시키고 가족단위로 조직된 문명사회를 유지하는 목적을 위해, 좋든 싫든 결혼이 남성과 여성 사이의 영원한 결합이 되게 하는 것이 신이 원하는 바며, 그것이 인류를 위한 신의 계획을 지원하는 것이라고, 많은 사람이 들어왔다.

이 가르침의 결과로, 대부분 종교문화에서 정신적 또는 신체적 학대를 포함한 어떤 이유라도 결혼을 끝내는 것은 철저히 금지되며, 한 주요 종교는 신자들에게 이혼해서는 안 되고, 교회에서 재혼해서도 안 되고, 이혼했다면 교회의 성사를 받을 수 없으며, 이혼했던 다른 사람과 결혼해서도 안 된다고 말한다.

많은 지역과 문화에서 종교에 의해 결혼 규정이 만들어지고, 그 다음에 법이 되어서 배우자의 행동을 제한하고 속박하며, 그 제한들은 평생 따라다닌다. 그런 제한 중에서 최고는 사람들이 '정절'이라고 부르는 것이다. 결혼한 사람은 서로에게 충실해야 한다. 다시 말해, 개인적인 헌신이나 신성한 합의의 차원이 아닌 민법의 문제 때문에, 그들은 평생 다른 사람과 성적인 경험을 해서는 안 된다는 것이다.

이런 점은, 이제 방금 언급했듯이 개인적인 성적 활동에 관한 금지가 종교에 의해서 공중문화에 자리 잡았기 때문에 놀랄 만한 일이 아닐 것이다. 신이 원하는 것에 관한 그 종교들의 설명으로는, 인간은 혼외정사나 결혼하기 전에 섹스해서는 안 된다. 따라서 그들이 결혼하지 않는다면 그들은 평생 섹스하면 안 된다.

이것은 신과 사회적 환경이 기대하는 요구이니, 사람들은 자신이 이런 금기를 깨면 혹독한 처벌로 이어질 수 있다고 들었다.

그 결과, 결혼 서약을 지킬 준비가 되어 있지 않고, 그에 수반된 책임을 질 정도로 충분히 성숙하지 않았지만, 다만 성 체험에 관해 금지하는 것을 더는 견디고 싶지 않은 전 세계의 수많은 젊은이가 결혼하게 된다.

신을 남성으로 간주하는 개념에서 나온 남성우월주의의 관념은 여러 결혼 시나리오에 지대한 영향을 끼친다. 일부 문화에서 결혼은 소유와 예속의 형태로 간주하여, 여성은 소유의 대상이 되고(실제로 지참금을 내고서), 남성은 섬겨지는 인간이 된다. 덜 극단적인 관점을 가진 문화에서조차, 아내는 자신의 남편에 '순종'하고, 모든 면에서 남편에게 복종하기를 요구받는다. 남자는 '가정의 우두머리'다.

이것이 많은 사람이 믿는, 신이 원하는 것이다.

섹스

신이 원하는 것은 성적 합일이 번식의 목적과 사랑의 표현을 위해 오직 자신의 배우자하고만 경험되는 것이라고, 많은 사람이 들어왔다.

이 가르침의 결과로, 사람들은 섹스를 의도적으로 임신을 막는 방법으로 경험해서는 절대 안 된다고 믿고, 섹스가 놀라운 것이라 해도 출산의 가능성 없이 단순히 즐거움을 위해 섹스를 경험하는 것은 신의 의지에 반하는 것으로 **부자연스럽고**, 비도덕적이고, 수치스럽고, 천한 본능에 굴복하는 것이라고 믿는다.

앞서 신에 관한 이해 부분에서 사랑과 두려움이 뒤섞여 있었듯이, 이런 구조에서도 쾌감과 부끄러움의 뒤섞임은, 성적인 욕망과 체험에 관한 경이·흥분·열정도 있지만, 당혹감·두려움·죄책감도

생겨서 고질적인 감정적 혼동을 만들어왔다.

대부분 문화에서 생식기를 이름으로 언급해서는 안 된다. '질'과 '음경'이라는 말은 공개적으로 사용하지 않게 되어 있으며(진료할 때 꼭 필요한 경우를 제외하고), 어린아이들과 있을 때는 절대로 안 된다. '지지', '고추' 또는 '아랫도리'라는 말은 자유롭게 사용될 수 있다. 요약하자면, 특정 신체 부위의 실제 이름은 부끄럽고 당혹스러우며 가능하면 언제나 피해야 한다는 것에 인류 문화는 동의한다.

당신은 위의 주장이 다소 과장된 이야기라고 생각할 수 있겠으나, 내가 장담하건대 그렇지 않다. 세계적으로 알려진 칼럼니스트 몰리 아이빈스Molly Ivins는 "포괄적인 성교육을 위해 일하는 단체인 '청소년을 위한 지지자들' Advocates for Youth은 '젊은 사람들(비디오에 출연한)이 남성과 여성의 인체에 관해 정확한 용어를 사용했기' 때문에 미국 정부기관인 질병대책센터는 에이즈 예방을 위한 그 단체의 지원금을 취소했다."라고 「마더 존스」 잡지 2004년 8~9월호에 실었다. 그 단체의 대표인 제임스 웨그너가 "그것은 불합리하다. 대통령은 도대체 뭘 하려고 하는가? 모든 남자, 여자 그리고 아이들이 남근을 '딩동'으로 언급해야 한다는 행정명령을 발표하려고 하는 건가?"라고 말했다.

물론 특정 신체 부위를 말할 수 없다면, 당연히 그 부위를 보여 줄 수 없고, 심지어 혼자서 자기 몸조차 볼 수 없을 것 같다. 하지만, 이것도 과장된 이야기인가? 미안하지만, 아니다. 많은 지역에서 이 모든 것에 관한 관점이 너무나 청교도적이라서 아래의 편지가 실제로 2004년 9월 25일, 300개가 넘는 미국 신문의 상담 칼럼에 손쉽게 실릴 수 있었다.

> 애비ABBY에게
>
> 오늘 저는 14살 딸아이를 깨우러 갔다가 딸이 알몸으로 자는 것을 발견했습니다. 얼마 전부터 그랬던 것 같네요.
>
> 보통 그 아이는 제때 일어났고, 저는 딸을 깨우러 딸 방으로 들어갈 필요가 없었지요. 딸에게 왜 그랬냐고 물으니까, 더 편하고 잠도 더 잘 온다고 그러더군요.
>
> 제가 딸에게 네가 그러는 게 신경 쓰인다고 말했더니, 딸이 왜냐고 묻는데, 솔직히 저는 그게 '잘못된' 것 같고 지진이나 불이 났을 때 어떻게 될지 걱정된다는 말 외에는 적절한 이유를 찾아낼 수 없었습니다. 딸아이는 만약 아무도 모른다면, 누가 노크 없이 (제가 그랬던 것처럼) 들어오지 않는다면, 어떻게 그게 잘못된 것일 수 있느냐고 물었습니다.
>
> 딸은 비상시에 입을 수 있도록 긴 가운을 침대 옆에 두었습니다. (사실, 그 아이는 그 가운을 입고 집 안을 돌아다니는데, 저는 속에 잠옷을 입었다고 생각했었죠. 사실은 크리스마스 이래로 속에는 알몸이었던 겁니다.)
>
> 저는 아직도 그게 신경 쓰이는데, 우리는 당신의 충고를 따르기로 했습니다. 딸이 알몸으로 자도 괜찮은가요? 그 이유는요? 만약 괜찮지 않다면 왜 그런가요?
>
> — 샌리앤드로San Leandro의 난처해진 엄마

그 칼럼니스트는 알몸으로 자는 것에 "본질적으로 잘못된 것은 없다."라고 대답하면서, 그 엄마에게 "밝은 면을 보세요. 빨래가 줄어들잖아요."라고 충고했다.

이 부모의 편지가 명확히 해주는 것처럼, 많은 사람이 특정 신체부위가 너무 자극적이거나 너무 수치스러워서 가려지고 숨겨져야 한다고 느낀다. 그 부위가 가려지지 않는 것은 잘못된 것이고 허용할 수 없기 때문이다. 사실 많은 지역에서 그것은 실제로 **불법**이며, 법을 지키지 않는 사람들은 처벌받는다.

많은 사람이 특정한 방식의 섹스는 부부 사이라도 '부자연스러우며' 그래서 부도덕하다고 믿는다. 그리고 오랜 세월 일부 지역에서 어떤 성적 체험은, 그것에 서로 동의하는 성인들이라도 실제로 불법이었다. 그런 법률을 만든 사람들은 특정 성적 경험들이 일어나기를 신이 원하지 않는다고 말했다. 신이 그런 경험을 하는 사람들을 지옥으로 보낸다고.

또 그들은 사진, 그림, 만화, 비디오 게임, 텔레비전, 영화에 나오는 성행위에 관한 시각적 묘사가 역겹고, 불쾌하고, 혐오스럽고, 용납할 수 없는 것으로 여긴다. 하지만, 극단적인 육체적 폭력과 살인에 관한 시각적 묘사들은 완전히 허용된다.

수많은 사람이 성적 에너지와 영적 에너지는 어울리지 않는다고 믿고 있다. 그들은 성적 에너지는 '낮은 차크라' 에너지며, 성적 활동과 영적 명료함은 본질적으로 서로 반대라고 들어왔다. 그러므로 영적 마스터를 추구하는 사람은 성적 체험에 끌리지 말아야 한다는 조언을 듣는다. 일부 사람은 실제로 금욕생활을 지속하도록 요구받는다.

이것이 많은 세상 사람이 믿는, 신이 원하는 것이다.

동성애

섹스가 남성과 여성 사이에서만 경험되는 것이 신이 원하는 바며, 신이 동성의 성적 교감을 혐오스러운 것으로 간주한다고 많은 사람이 들어왔다.

이 가르침의 결과로, 동성에게 성적 매력을 너무나 자연스럽게 느끼는 사람들은, 신의 의지를 행하고 있다고 믿는 사람들에 의해 고발당하고, 비난받고, 경멸받고, 배척받고, 소외당하고, 공격받고, 살해당한다.

와이오밍주 라라미에서 일어났던 매튜 셰퍼드Matthew Shepard의 죽음에 관한 슬픈 이야기는, 우리에게 잘 알려진 적절한 예를 보여준다. 와이오밍 대학의 공개적인 동성애자 신입생인 셰퍼드는 술집에서 두 명의 젊은 남자에 의해 끌려나왔고, 차로 끌려가서 마을 밖 사람이 살지 않는 목장의 울타리에 묶여 심하게 구타를 당해, 혼수상태에 빠져서 5일 후에 죽었다.

그 젊은 가해자들은 체포되었고 종신형을 선고받았지만, 캔사스 주 토페카Topeka에 있는 '웨스트보로 침례교회'의 프레드 펠프스Fred Phelps 목사는 그 문제가 거기서 끝나도록 내버려두지 않았다. 매튜의 사망 후 5년 동안 해마다 이 기독교인 성직자는 매튜의 고향인 와이오밍주 캐스퍼뿐만 아니라 라라미까지 여행하면서 매튜의 죽음을 '경축'했다. 그리고 로스앤젤레스 타임스에 실린 보도를 보면, 2003년 10월 12일에 펠프스 목사는 매튜의 얼굴이 조각된 화강암 비석을 캐스퍼로 가져왔는데, 그 비석에는 다음 구절이 새겨져 있었다.

> 1998년 10월 12일, 매튜 셰퍼드가 신의 경고를 무시해서 21살의 나이에 지옥으로 떨어졌다. "너희는 여자와 눕듯이 남자와 눕지 마라. 역겨우니라." — 레위기 18장 32절

펠프스 목사는 매튜의 장례식에도 참석했는데, 매튜의 부모와 가족과 친구들이 슬픔에 잠겨 있는 가운데 그가 소리쳤다.
"신은 호모를 증오한다!"
명백한 방식으로 신의 의도와 소망에 관해 모든 나라가 이 문제에서 신의 의지라며 공권력과 법규로 강요해왔다. 일부 나라에서 동성애에 관한 민사상의 처벌은 사형인데, 이는 곧 12피트 콘크리트벽 속에 매장됨을 의미한다. 동성결혼을 불법화하는 민법이 많은 지역에서 제정되었다. 미국에서는 2004년 대통령이 동성결혼 금지와 관련하여 자신이 이해한 신의 소망을 미국헌법에 명시하기 위해 개인적으로 캠페인을 벌이기도 했다. (전국적으로 배급되는 한 신문 칼럼니스트가 쓴 것처럼, 여기에서 아이러니는 헌신적인 동성커플들은 이성커플들이 필사적으로 피하려는 것을 필사적으로 하려고 노력한다는 것이다.)

특정 성적 감정을 느끼는 사람들에게 그런 느낌은 아주 자연스러울지 모르지만, 많은 사람이 그것은 신이 원하는 것이 아니며, 따라서 말 그대로 '부자연스러운' 것이라고 말한다. 캐나다 에드먼턴Edmonton의 「캘거리 헤럴드」Calgary Herald에 실린, 캔웨스트 통신사의 크리스 제브Chris Zdeb가 2003년 10월 20일에 쓴 보도는 오히려 그 정반대가 진실일 수 있음을 지적한다.

그 기자는 "과학자들은 성적 정체성이 태아 상태에서 성기가 발달하기에 앞서 뇌에 심어져 내장된다는 사실을 시사하는 54개의 유전자를 발견했다." 그리고 "UCLA 연구팀에 의해 오늘날 알려진 그 발견들은 동성애와 성전환자를 포함한 성적 정체성이 선택이 아니라는 것을 의미할 수 있다."

그럼에도, 많은 세계 주요종교 종파의 성직자들은, 신이 그런 성적 경험들을 비난한다고 계속해서 주장한다.

제리 폴웰Jerry Falwell 교단 목사들은 1999년 10월 6일에 성명을 발표했는데, 그것은 교단의 '동성애에 관한 확고한 입장'으로서 기술되었다.

그 성명은 "동성애가 감정적·정신적 상태가 아닌 생물학적 요소에 의해 야기된 신체적 상태라고 말하는 것은 매우 불경스러운 것이다. 성서는 우리에게 동성애의 원인은 죄라고 말한다. 한 개인은 동성애자로 태어나지 않으며, 죄짓는 자신의 의지로 동성애자가 된다. 한 개인이 죄와 악마가 자신의 인생을 조종하도록 내버려둔다."라고 언급했다.

그 교단의 신도들도 "동성애자들은 구원받지 못하는 사람들이며, 그런 죄를 회개하고 동성애를 포기해서, 용서해 달라고 주 예수 그리스도로 향하지 않는 한, 분명히 지옥에 가게 될 것이다."라고 말했다.

그리고 AP통신의 레이첼 졸Rachel Zoll 기자가 발표한 바로는, "2004년 10월 7일 전 세계 성공회 신자의 절반가량이 있는 아프리카에서 가장 영향력 있는 성공회 지도자는, 미국 성공회가 뉴햄프셔에 동성애자 주교를 인준함으로써, 영국 성공회에 뿌리를 둔 교파 간의 유대를 깨고 '새로운 종교'를 만들었다고 말했다."

나이지리아의 성공회를 이끄는 피터 아키놀라Peter Akinola 대주교 역시 AP통신의 졸Zoll과 단독 인터뷰에서, 자신은 그 성공회 교회의 지도자를 게이와 레즈비언의 옹호자라고 생각하며, 더는 그를 신뢰하지 않는다고 말했다. 그의 발언은 '세계 성공회 교단'이 동성애를 둘러싼 분열을 중재할 수 있을 것인가에 관해 국제심의위원들이 중대한 보고를 발표하기로 예정된 날짜의 2주 전에 나왔다.

아키놀라는 "교단이 흩어졌다. 깨져버렸다. 우리를 함께 묶어주던 동질성은 더는 사실이 아니다."(신의 이름으로 더 많은 분열이 생겼다.)라고 말했다.

졸의 보도로는, 아키놀라는 늘어나는 동성애 허용에 반대하는 과거의 격한 발언에도 자신은 동성애자를 싫어하지 않는다고 주장했다. 그는 한때 그런 경향을 교회에 관한 '사탄의 공격'이라고 불렀다. 그러나 그는 자신이 말한 내용이 동성애를 금지하는 성서의 명령이었다는 것을 그들이 무시함으로써 성서에 현대적 문화를 '덧

붙이려는' 시도들을 받아들일 수 없다고 말했다.

"나는 성경을 쓰지 않았지만, 그것은 우리 기독교인의 일부 유산이다. 그것은 우리에게 해야 할 것을 말해준다. 만약 신의 말씀이 동성애가 혐오스럽다고 말한다면, 그것은 그런 것이다."라고 아키놀라가 말했다.

졸의 계속된 보도로는 "동성애자들을 성직자로 임명하는 것을 지지하는 사람들은, 성서는 동성애 관계를 금지하지 않으며 성서 시대에는 과학이 지금 증명하고 있는 것처럼, 동성애는 타고난 성향이지 선택사항이 아님을 이해할 수 없었다."라고 반박한다.

그럼에도, 대다수 세상 사람은 자신들이 단언한 '본성에 어긋나는(변태적인) 활동들'을 하는 그들은, 결국 내세에서 지옥 불에 영원히 저주와 고문을 받게 될 것으로 이해되고 있다.

이것이 그들이 믿는, 신이 원하는 것이다.

사랑

사랑에 조건이 붙는 것이 신이 원하는 바라고, 많은 사람이 들어왔다. 신이 원하는 것을 인간들이 한다면 신은 인간을 사랑한다는 점을 분명히 했다. 만약 인간들이 그렇게 하지 않는다면, 그들은 신의 분노를 경험하게 되리라. 그들은 영원한 지옥을 선고받을 것이다.

어떤 사람은 신이 인간에게 영원하고 끝이 없는 고문을 선고할 때 사랑으로 그렇게 한다고 말한다. 이러한 설명으로 그들은 사랑의 신이라는 이미지와 개념을 두둔하려 한다.

  이 가르침의 결과로, 많은 사람이 사랑의 진정한 본성에 관해 몹시 어리둥절해한다. 인간존재들은 어떤 깊은 직관적인 수준에서 끝없는 처벌이 사랑에 의한 것이 아님을 '안다'. 그러나 그들은 그런 벌이 가장 순수하고 높은 사랑을 드러내는 것이라고 들었다. 그것이 행동하는 신의 사랑이라고.

  인간들이 사랑의 근원인 신을 두려워하도록 배워왔기에, 그들이 사랑을 두려워하는 것은 이상하지 않다. 그들은 신의 사랑이 순식간에 무서운 결과를 낳는 분노로 변할 수 있음을 배워왔다. 인간의 신학에서 사랑과 두려움이라는 이 조합은, 인간 행동의 결과에 영향을 끼치지 않았던 적이 없다.

  앞에서 말했듯이, "신에 관한 인간의 관념은 삶과 사람에 관한 인간의 관념을 만들어낸다." 이것은 심오한 진실이다. 그래서 많은 사람이 사랑에 끌리면서 동시에 사랑을 두려워한다. 종종 다른 사람과 연애 관계가 더 깊어질 때, 사람들의 최초 생각은 "이제 이 사람은 뭘 원하게 될까? 뭘 필요로 할까? 나에게서 뭘 기대할까?"이다. 이것이 결국 전능한 신에 관한 사랑 관계의 본성이며, 사람들이 훨씬 더 미약한 인간존재와의 관계에서 그것이 다르리라고 믿을 아무런 이유도 없다.

  또한, 관계를 맺는 동반자들은 사랑에 관한 대가로 특정한 것들을 기대할 권리가 당연히 있다고(사랑은 주는 만큼 받는 것이고, 상응하는 보상이라는 명제) 추론한다.

이런 기대와 두려움이 여러 애정관계를 처음부터 은밀히 훼손한다.

'사랑'과 '상상할 수 있는 최악의 고문'이 인간의 마음에서 신의 자연스러운 활동으로 결부되어왔기 때문에, 사람들은 대부분 신이 하는 것처럼 다른 사람들이 저지른 행동에 관해 그들을 벌주는 것이 옳고 적합한 것이라고 믿는다.

아마도 이런 것의 가장 극적인 예로서, 많은 사람이 인간존재를 죽이는 것이 타당하지 않다는 메시지를 사람들에게 알리기 위해 인간을 죽이는 것이 타당하다고 믿는다.

이것이 많은 세상 사람들이 믿는 신이 원하는 것이다.

돈

많은 인간은 돈을 모든 악의 뿌리로 여기는 것이 신이 원하는 바라고 들어왔다. 돈은 나쁘고, 신은 선하다. 그래서 돈과 신은 서로 어울리지 않는다.

이 가르침의 결과로, 한 사람의 목적이 고귀할수록, 사회에 관한 가치가 클수록, 그의 수입은 더 낮아야 한다. 간호사, 교사, 안전구조요원 그리고 비슷한 봉사직의 사람들은 많은 돈을 벌기를 바라면 안 된다. 목사, 스님, 사제는 더 적은 돈을 요구해야 한다. 이 지침에 따르면, 주부와 어머니는 개인적인 수입이 전혀 없어야 한다. 만약 그들이 그들 자신을 위해 어떤 것을 원한다면, 그들은 남편에게 얼마를 요청하거나, 생활비에서 몇 푼을 아껴야 할 것이다.

여기의 메시지는, '부정한 돈'은 나쁘고 돈은 본래 사악하기에, 보수는 수행한 직무의 가치에 반비례해야 한다는 것이다. 행위가 유익할수록, 보수는 더 낮다. 사람들은 유익한 일을 한 대가로 많은 돈을 받아서는 안 된다. 그리고 만약 그들이 정말로, 정말로, 정말로 유익한 일을 하고 있다면, 그들은 그것을 무료로 하고 싶어 해야 한다.

사람들은 '이로움을 주는 것'과 '충분히 보상받는 것' 사이에 괴리를 낳아왔다. 반면, 본질적으로 덜 영속적인 가치가 있는 일을 하면 많은 돈을 보상받을 수 있다. 모든 종류의 불법적인 활동들도 그럴 수 있다. 이처럼 세상의 가치가 고결한 활동은 말리면서, 하찮고 불법적 행위는 조장한다. 인류의 좌우명은 '목적이 고귀할수록, 보상은 더 적게'이다.

이것이 많은 세상 사람들이 믿는, 신이 원하는 것이다.

10.

자, 어떤가? 시간이 걸린다는 것을 알지만, 우리가 주기적으로 이것들을 살펴보는 것이 중요하다. 신에 관해 우리가 받아들여 온 가르침의 영향은 뿌리가 깊다. 그것에는 삶의 실용적인 측면들뿐만 아니라 철학적인 영역들도 포함된다.

우리가 여기서 다룰 마지막 주제들은 관념으로만 여겨질 수 있는 개념들이 중심이지만, 이런 관념에 관해 우리가 생각하는 방식은, 매 순간의 경험에 아주 실질적인 영향을 주고, 창조하는 것이 사실이다.

자유 의지

신이 원하는 것은 인간존재가 자유 의지를 지니는 것이라고, 많은 사람이 들어왔다. 따라서 사람들은 사후에 최종적인 결과(천국이나 지옥) 중 어떤 것을 경험할 것인지를 스스로 판단하고 결정할 수 있다. 그들은 어느 때라도, 고비마다 결정하면서 그렇게 할 수 있다. 그들은 모든 면에서 제한받지 않는다.

신이 인간에게 이 자유 의지를 보장해왔기에, 인간은 자유롭게 신을 선택하고, 자유롭게 신의 길을 선택하고, 자유롭게 천국에서 신과 재결합하는 것을 선택할 수 있다고 사람들은 들어왔다. 즉, 그들은 행위를 강요받는 것과는 반대로, 자유롭게 선해지는 것을 선택할 수 있다. 신은 인간이 선택에 의해서 신에게 돌아오기를 원한다. 누구도 그렇게 하기를 요구받아서는 안 된다.

또한, 자유 의지라는 교리 아래, 사람들은 자신이 선택한 대로 할 수 있다 해도, 만약 그들이 신이 원하는 것을 선택하지 않는다면, 그들은 영원히 계속되는 고통이라는 대가를 치를 것이라고, 사람들은 들어왔다. 여기에 강압적인 요소는 보이지 않는다. 그것은 다만 사물이 존재하는 순리일 뿐이다. 그것은 최고 수준의 정의正義다. 신의 판단을 따르는 것이 바로 신의 정의다. 그러므로 신이 원하는 것을 자유롭게 선택하는 것이 중요하다.

이 가르침의 결과로, 자유에 관한 인간의 개념은, 인간이 '자유'에 관한 신의 뜻을 이해한 바에 크게 영향받고, 깊숙이 연결되었다. 인간은 자유란 참자유가 아니라, 단순히 결과를 선택하는 능력을 의미할 뿐이라고 결정했다. 이것은 선택권이 전혀 없는 것보다는 낫고, 그래서 힘있는 자들은 타인들이 시키는 대로 하게끔 조종하는 과정을 그들이 눈치채지 못하도록 호도하기 위해 '자유'라는 단어를 유용하는 법을 습득했던 것이다. 물론 사람들은 그들이 시키는 대로 하지 않아도 되지만, 그렇게 하면 치를 대가가 있을 것이다. 그 대가는, 세무조사로부터(고소장 발부 없고, 국가의 안보에 위협적이라는 딱지를 붙이는 것 말고는 아무런 설명도 없이 구치소에 2년간) 갇히는 것까지 뭐든 의미할 수 있다. 이런 수단을 남용하면서도 국가들은 스스로 '자유 국가'라고 일컫고 있다.

아마 지독한 종교의 옹호론자를 제외하고는, 대부분 사람이 이것의 모순점을 알아본다. 시키는 대로 하지 않으면 상상하기 어려운 무서운 결과에 직면한 사람은, 그 누구도 진정으로 자유롭지 않다는 점을 완벽하게 이해한다. 오직 위선자나 바보만이 그런 선택권을 '자유'라 부를 것이다.

그래서 인간은 위선(특히 '정당한' 목적과 '정당한' 이유를 위한 위선)이 하늘에서 받아들여지듯이 땅에서도 받아들여진다는 것을 알게 되었다. 인류의 정치 활동이 대부분 이 윤리에 근거한 것이다. 물론 인간의 활동 영역 내 다른 경우에도, 다수 인간이 상호 교류하거나 거래하는 방식에서도, 결과가 수단을 정당화한다는 점이 이해받게(암묵적 동의: 역자) 되었다.

사실, 이제 많은 인간이 이들 중 어떤 것도 전혀 위선이 아니라 단지 해석의 문제일 뿐이라고 확신한다.

그래서 이 시대에는 자유 그 자체의 명목으로 자유가 빼앗기고 있다. 수많은 사람이 '자유의 부족'은 곧 우리에게 자유를 보장하는 것이라고 말하는 정치적 미사여구를 기꺼이 받아들이고, 삶에서 오직 시키는 대로 한다면 그들의 선택은 자유라고 말하는 종교 교리를 기꺼이 받아들인다. 신이 원하는 것이니 말이다.

고통

많은 인간은 고통이 인간존재를 개선하고, 영혼을 맑게 하는 데 사용되는 것이 신이 원하는 바라고 들어왔다. 고통은 좋은 것이다. 특히나 고통을 말없이 감내하고, 신께 고통이 바쳐지기라도 한다면 신의 마음에 신임을 얻거나 점수를 따게 된다. 고통은 인간의 성장과 배움에 필요한 부분이며, 더욱이 중요하게도 인간이 신에게 속죄받을 수 있는 수단이다.

실로, 어떤 한 종교는 한 존재(이 사람은 나머지 인간들의 죄를 위해 죽었다)의 고통 덕택에 모든 인간이 구원받았다고 주장하는 이런 믿음으로 지탱되고 있다. 인류의 나약함과 사악함 때문에 신에게 빚지고 있다고 말하는 그 '빚'을 이 한 존재가 갚은 것이다. 이 교리에 따르면 신은 인류의 나약함과 사악함에 상처를 입었으며, 이걸 바로잡으려면 누군가 고통을 당해야 한다. 안 그런다면 신과 인간은 화해할 수 없을 테니까. 그리하여 고통은 속죄의 경험으로 확립되었다.

'자연적' 원인으로 벌어진 인간존재들의 고통은 어떤 상황에서도 '자연스럽지 못한' 죽음으로 단축되어서는 안 된다. 짐승의 고통은 '자연사'하기 전에 자비롭게 끝낼 수 있지만, 사람의 고통은 그럴 수 없다. 오로지 신만이 인간의 고통을 언제 끝낼지를 결정한다.

이 가르침의 결과, 인간존재들은 신의 의지를 행하고 사후에 신의 노여움을 초래하지 않기 위해서 장구한 세월 동안 상상하기 어려운 고통을 참고 또 참아왔다. 수많은 사람은, 누가 아주 늙어서 임종이 가까이 왔는데도 죽지는 않고, 끝없는 통증을 겪으면서 아주 많이 괴로워하고 있다 해도, 그 사람은 삶이 그에게 가져다주는 어떤 것이라도 참아내야 한다는 느낌이 든다.

인류는 실제로 자신의 고통을 스스로 끝낼 권리가 없으며 타인의 고통도 끝내도록 도와줄 수 없다고 선언하는 법을 제정했다. 아무리 괴롭더라도, 아니면 아무리 절망스런 삶이 펼쳐지더라도, 고통은 계속되어야 한다.

이런 것이 신이 원하는 바다.

도덕

신이 원하는 것은 도덕을 지키는 사회라고 많은 인간이 들어왔다.

이 가르침의 결과, 인간은 도덕과 비도덕의 경계를 정하는 데 전 역사를 보냈다. 사회 자체가 변해가더라도, 변치 않는 사회표준을 고안해내는 것이 도전과제였다. 이런 '황금률'을 발견하려고 여러 사회가 신, 알라, 야훼, 여호와, 혹은 신성을 지칭할 수 있는 이름이면 뭐든 사용해왔고, 신이 원하는 것에 관한 자신들의 이해에 의지해왔다.

수세기 전 이 문제에 관한 신의 선호에 강력한 딱지가 붙었다. 그것은 '자연적'이라는 딱지였다. 이것은 원시인들이 일찍이 자연을 접하고 관찰한 결과로 그들의 마음에 신성의 개념이 맨 먼저 들어섰기 때문이다. 그때는 그들보다 더 크고, 제어할 수 없는, 그저 최선의 결과를 바라면서 쳐다보고 어찌해볼 수가 없는 어떤 것이 있었다.

'최선의 결과를 바라는 것'은 기도라 불리는 것으로 이내 바뀌었다. 이 신성이 누구이든 무엇이든 간에, 초기 인간들은 신성이 자연에 깊이 연결되어 있고, 자연은 신성의 발현이라고 추리해냈다. 그래서 인간들은 사물들을 조금이라도 주도하길 바라거나, 적어도 주도하는 자와 소통하기라도 바라면서, 해·달·별·날씨·곡식·강·땅·바다 등 거의 모든 것을 대표하는 신을 창조해냈다.

신과 자연에 관한 이런 관계에서 신성 및 신에 연관된 것은 모두 **자연스럽고**, 신성과 연관이 없는 것은 모두 **부자연스럽다고** 여겼던 점은 얄팍한 지적 비약일 뿐이었다. 인간의 언어가 형식을 띠게 되자 '신'과 '자연'이라는 단어는 불가분의 관계가 되었다. 그러자 특정 조건·상황·행위들이 신의 의지에 관한 현재의 관점에 들어맞는지 또는 어긋나는지에 따라 '자연스럽다' 또는 '부자연스럽다'는 딱지가 붙여졌다.

그다음에 부자연스러운 것은 '부도덕'이라는 딱지가 붙여졌다. 그것은 신에 속하지 않으므로, 신이 원하는 것이 될 수 없기 때문이다. 이렇게 순환은 완결된다. 자연스럽다고 여겨지지 않는 것은 '부도덕'하다고 여겨진다. 부자연스러운 능력, 힘, 행위 심지어 생각마저 포함한다.

신이 원하는 것은 자연스러운 것이고, 자연스러운 것은 도덕적이라는 관념은 완벽한 척도는 아니지만, 인류가 변치 않는 표준을 탐구할 때 쓸 수 있는 최선이었다. 이런 이유로 인간은 신이 원하는 것에 관한 관념이 바뀌는 걸 싫어한다. 이 관념이 바뀌는 건 믿을 만한 표준이 바뀌는 것이니.

행위는 인간 상호작용의 통화通貨다. 금본위제가 돈이라 불리는 종잇장에 가치를 부여하듯이, 신이 원하는 것에 관한 믿음도 인간이 선택한 행위에 가치를 부여한다.

이렇게 대부분 인간 사회에서 체험에 관한 도덕성을 결정하는 것은 개인의 실제 체험이 아니라 체험에 관해 사회가 매긴 정의定義였다. 동성애도 그렇고, 매춘, 혼전 섹스, 노골적인 성행위 묘사, 환각제, 마리화나 복용, 기타 흥분제, 심지어 약물에 의존하지 않은 황홀경 체험 등의 많은 행위가 역시 그런 경우다.

예를 들면, 누가 신을 체험하는 황홀경에 빠진 적이 있다고 말하면, 그 체험은 인류가 현재 자연스럽다고 정의하는 기준에 맞아떨어지지 않을 시, 부도덕한 것으로 여겨져 경고를 받고, 계속한다면 비난받고, 그래도 여전히 계속한다면 처벌받는다.

이전 시대에 그런 체험자는 고문당하고 사형당하곤 했다. 이런 지침에 따라, 장구한 인류역사에서 그런 황홀경을 주장하고 묘사하던 많은 성자는 순교자가 되었다.

이런 성자들을 죽인 자들은 자기가 신이 원하는 것을 하고 있다고 확신했다.

죽음

많은 인간이, 자신의 놀라운 삶이 마침내 끝나면, 그때에 배움과 성장의 기회도 끝나고 그들이 살았던 방식에 따라 보상과 처벌을 받을 때가 시작되는 것이 바로 신이 원하는 바라고 들어왔다.

이 가르침의 결과로, 많은 이가 죽음을 무서운 대상으로, 뭔가 두려운 것으로 여긴다. 죽음은 종말이요, 마지막 작별인사며, 마감벨이니, 죽음을 둘러싼 거의 모든 이미지가 부정적이고 겁나며 슬플 뿐, 전혀 긍정적이거나 고양하거나 기쁨을 주지는 않는다. 이런 이미지가 우리 사회에 널리 퍼져 있다. 길을 잘못 들면 끝장Dead End이요, 재수 없게 실수라도 하는 날이면 끝Dead Wrong(완전히 틀렸다)이다. 저승사자가 당신의 영혼을 회수하러 온다.

대부분 사람은 죽음을 체험하는 건 말할 것도 없고, 입에 올리기조차 싫어한다. 꼭 죽어야 한다면 몰라도 아무도 체험하길 원하지 않는다. 삶에 집착하고, 종종 필사적으로 매달린다. 생존본능은 인간의 본능 중 가장 강하다. 우리의 대중문화는 생존을 궁극의 목표로 여기며, 심지어 죽고 싶어하는 사람조차 못 죽게 한다.

죽음의 이면에는 많은 이가 확신하는 최후의 심판이 있다. 당신이 선하지 않았다면, 지옥으로 가게 되는 게 이 시점이다. 당신의 모든 죄가 이런 식으로 상환되길 바라는 것이 신이 원하는 바다.

신이 원하는 것에 관한 인류의 목록은 아주 길어서, 여기서 다루지 않은 많은 인간 경험의 영역을 망라한다. 이 목록은 무수한 민법의 토대가 되고, 문화 전통, 사회 관습, 집안 관례의 토대가 되어 모든 인류에게 영향을 미친다.

자, 당신이 지금까지 읽은 것에 어떤 생각이 드는가?

곳곳에 깔린 표현 중 소수의 예외나 대수롭지 않은 해석상의 차이점은 차치하고, 이런 것이 기본적으로 신이 원하는 것이라고 당신이 배웠던 기억이 드는가?

만약 그렇다면 당신에게는 동료가 많다. 몇억의 사람들이 같은 경험을 했으니.

아니다, 수십억이다.

❊ ❊ ❊ ❊ ❊

인간들이 신에 관해
안다고 여기는 매우 중요한 어떤 것이
순전히 부정확하다면 어쩔 텐가?

이래서야 뭔가를 바꾸기나 하겠는가?

❊ ❊ ❊ ❊ ❊

11.

 이제 우리가 모두 배웠던, 신이 원하는 것에 관한 나의 언급을 알아챘는지 질문을 던져보자. 당신은 우리의 전통적 가르침이 묘사한 신학이 분리의 신학임을 알겠는가? 이 신학에서 우리는 이쪽, 신은 저쪽에 있다.
 물론, 당신은 이럴지도 모른다.
 "신학이란 게 원래 그런 거죠, 안 그런가요?"
 만약 신학이 우리의 일상 삶에 별 영향을 끼치지 않는다면, 이 질문의 답은 아무래도 좋을 것이다. 당신은 자신이 믿는 걸 믿을 것이고, 나도 내가 믿는 걸 믿을 것이며, 다른 사람은 또 자기 나름대로 믿을 것이다. 우리는 각자 자기 방식대로 믿음과 삶을 펼칠 것이다. 하지만, 이것은 단순히 신학적인 문제가 아니다.
 신학은 사회학을 낳는다.
 분리의 신학은 분리의 사회학을 낳는다.
 이건 그처럼 단순하다. 애석하게도 신학은 너무 자주 병리학의 모체가 되는 사회학을 생산했다.
 그것이 정확히 지구 전체에 걸쳐 벌어진 현상이다. 인류는 지금 우리가 몸담고 있는 분리의 병리학을 만들어냈다. 신에게서 분리, 개인 간 분리를 만들어냈다.
 분리의 사회학에도 불구하고 우리가 주목할 만한 성취를 이룬

것도 사실이다. 원자를 쪼개고, 질병 치료법을 창안하고, 인간을 달에 보내고, 생명 그 자체의 유전암호를 해독해냈다. 하지만, 슬프게도 많은 사람이(어쩌면 대다수 사람이) 가장 단순한 것조차 할 수 없다.

설마 그럴 리가.

'이건 왜 그렇지?'를 생각이라도 하는가?

숙고해보라.

인간은 신화로, 문화 이야기로, 종교로(선조와 연장자, 목사와 사제, 랍비와 율법학자들에게 신과 삶에 관해 들었던 것들을) 그리 많이 배웠는데도, 인류 대부분이 겪는 집단 경험은 어째서 이러한가? 배움도 이제 더는 도움이 안 된다는 말인가?

그러나 당신은 이렇게 말할지 모른다. 아니, 그것은 상당한 도움이 되었다고. 세상은 과거보다 나아졌다고. 사람은 원시인이었을 적 하던 행동을 이제는 하지 않는다고. 대부분 지역에서 평화롭게 살며, 폭력을 쓰지 않는다고.

아니다, 그렇지 않다. 개개인의 삶은 대부분 그렇지 않다. 우리가 그 점에 동의할 수도 있겠지만, 다음의 진술에도 동의할 수 있겠는가? 집단적으로 인류는 끊임없이 점점 더 인간 종에게 폭력을 휘두른다.

사람을 배고프게 내버려두는 것은 일종의 폭력이다.

수백만의 사람에게 목숨을 살리는 의약품과 양질의 의료에 접하지 못하게 하는 것은 일종의 폭력이다.

회사는 엄청난 이윤을 남기는데도 노동자는 저임금을 받고 있는 것은 일종의 폭력이다.

학대, 저임금, 승진 불허, 여성 할례도 일종의 폭력이다.

인종 편견은 일종의 폭력이다.

아동 학대, 아동 노역, 아동 노예 소유, 아동 매춘, 아동 마약 거래, 아동 병역도 일종의 폭력이다.

사형제도는 일종의 폭력이다.

성 편향, 종교 편향, 민족 편향으로 누군가의 시민 평등권을 거부하는 것은 일종의 폭력이다.

착취, 억압, 부정이 판치는 세상을 만들고 유지하는 것은 일종의 폭력이다.

고통을 모른 체하는 것은 고통을 일으키는 것만큼이나 일종의 폭력이다.

2004년 인류는 수단의 다푸 지역에서 일어난 내전으로 150만 명의 사람들이 거주지에서 추방당하고 20만 명 이상이 죽는 것을 지켜보았다. 세계는 이 내전이 진행될 때 수개월 동안 시간만 끌며 우왕좌왕하다 조치를 거의 취하지 못했다. 너무 소심하고, 너무 나약하며, 너무 어리석어 보이고, 더욱 심각하게도 너무 이기적이어서 **대량학살조차** 신속하게 막아낼 수 없다는 것은 대단히 원시적인 사회의 표식이다.

내 이야기를 참지 못하겠는가? 당신을 나무라는 건 아니다. 우리 세상 일이 어떻게 돌아가는지, 진실로 어떤지 목격하는 건 골치 아프다. 우리는 밝은 면에 머물고 싶고, 삶을 긍정적으로 생각하고 싶고, 좋게 느끼고 싶다. 아무도 나쁜 점을 보고 싶어 하지 않는다.

그러나 우리가 적어도 잠깐이라도 나쁜 점을 돌아보지 않는다면, 어떻게 그걸 변하게 할 것인가? 그게 그곳에 있다는 것을 인정하지 않는 것이 어떤 것을 바꾸는 최상의 방법이라도 되는가?

나는 그리 생각하지 않는다. 아서 밀러의 멋진 희극 「어느 세일즈맨의 죽음」에 한 대목이 있다. 거기서 윌리 로만의 악처 린다는 장성한 두 아들에게 울부짖는다. 그들 눈앞에서 허무하게 생명이 사라진 아버지의 모습에서 그들에게 놓인 비극을 보라고, 아버지가 삶에서 겪었던 것들과 그들에게 주려고 했던 것을 알아차리라고. "정신 차려!" 떨리는 목소리로 "정신 차리라고!"

우리는 우리 삶의 방식이 죽어가고 있음을 주목해야 한다. 세상이 겪었던 것과 세상이 우리에게 주려고 했던 것을 알아차려야 한다. 그런 세상에 우리가 집단적으로, 개별적으로 뭘 하고 있는지 주목해야 한다.

정신 차리라고!

'유엔아동기금'의 2000년 보고서인 「국가의 진보」에 의하면 오늘날 세계의 약 250만 명의 어린이가 노동에 종사하며 그 중 5세에서 11세까지의 어린이 50만 명 이상이 견디기 어려운 노동에 시달린다. 누가 신경이나 쓰는가?

'아동 모병 금지 협회'에서 발행한 2001년 「세계 소년병 보고서」에 의하면 세계 30개국 이상의 나라에서 30만 명 이상의 18세 미만 소년소녀가 정규군 또는 반군으로 언제든 한 번 이상 전장에 나간다. 이 보고서에는 대부분이 15~18세인데, 이 중 가장 어린 병사는 일곱 살이었다고 되어 있다.

$\frac{2}{3}$가량의 세계인에게 있어 삶은 매일 투쟁이요, 절반에게는 생존을 위한 투쟁이다. 누가 신경이나 쓰는가?

왜 이런 상황이 존재한다고 생각하는가? 우리가 서로 같은 가족의 식구로 여기지 못하고 있다는 사실과 관련이 있지 않을까? 우리가 서로 분리되어 있다고 상상한 결과일 수 있다는 생각이 들지 않는가?

어찌 됐건, 사실 세상은 지상의 풍요를 공유하기 위한 시스템을 모든 사람을 위해서가 아니라, 특정 기준(피부색, 성별, 종교, 민족)에 들어맞는 이들에게만 시행해왔다.

유엔 보고서에 의하면 원조국들이 국민 총생산액의 평균 0.25 퍼센트만을 가난한 나라의 개발원조비로 책정한다고 한다. 누가 신경이나 쓰는가?

그러면 기부되는 총자원의 비율로 환산할 때 세계에서 가장 인색한 선진국은 어디인가? 아마 틀림없이 세계 최고 부국인 미국일 것이다. 가장 부유한 나라가 가장 인색하다.

이게 가능한 일일까? 그렇다. 가능하고 사실이기도 하다.

당신은 이런 말을 할지도 모른다. 잠깐만요, 미국은 다른 나라들을 합친 금액의 절반 이상을 내놓는데요. 맞다. 실제 금액이라면 당신 말이 맞다. 그러나 미국은 다른 나라들을 합친 금액의 절반 이상의 돈을 가지고 있다. 그러니 **비율로 따지자면** 미국은 가장 인색한 나라이다.

만약 당신이 10달러를 가지고 있는데 곤궁한 처지인 동생에게

3달러를 준다면, 또 당신 이웃이 50달러에서 자기 동생에게 5달러를 주었다면, 누가 더 관대한가? 이웃이 당신보다 더 많은 금액의 돈을 준 점에 감명을 받았는가? 아니면 그 사람이 다섯 배 더 많이 가졌다는 사실과 따라서 다섯 배는 더 줘야 한다는 점에 주목하는가? 재산에 걸맞게 줄 것이라는 기대가 있었을 것이다. 안 그런가?

이런 내 생각은 오래전 존 에프 케네디의 말에도 반영되고 있다. "많이 가진 자는 요청도 많이 받는다."

그러나 빈국을 위한 배당액을 뒷전으로 미룬 것이 미국만은 아니다. 2003년 세계의 모든 최고 부유 국가들은 최빈국의 빈곤과 교육의 결핍, 열악한 위생 문제를 다루는 데 600억 달러를 원조했다. 반면 같은 시기에 이 부유 국가들은 국방비로 9,000억 달러를 썼다.

그래서 세계은행 총재가 만약 세상이 우선순위를 뒤집기만 했어도, 국방비가 국제원조비를 초과하는 일은 절대로 없었을 것이라고 냉소적으로 발언했던 것이다.

지구촌에서 타인의 고통이 정말로 중요해서 입에 발린 말로만이 아니라, 실제로 사태를 바꿀 만한 뭔가를 한다면 우선순위는 즉각 그리고 자동으로 바뀔 것이다.

이렇게 우선순위가 바뀌지 않으니 점점 더 노골적인 방식의 폭력이 지상의 생활방식이 되고 있다. 그것은 오늘날 점점 더 자주, 더더욱 많은 곳에서, 개인이나 집단에 의한 직접적인 신체공격의 양상을 띤다.

삶이 훨씬 편안하고 명백히 괴롭지 않은 사람들 사이에서조차 폭력이 급격히 높아진다면, 이것이 몰락하고 있는 사회 질서의 징후다. 만족해야 할 사람조차 만족하지 못한다면, 당신은 뭔가가 잘못되었고, 곤경에 처했음을 안다.

폭력은 중동의 거리뿐만 아니라 유럽의 거리에서도, 동남아시아의 빈곤 가정뿐만 아니라 북미의 부유한 가정에서도 높아지고 있다. 이런 이유로 많은 나라에서는 금속 탐지기를 곳곳에 설치한다. 군사 시설, 공항 등 예상 가능한 곳뿐 아니라, 한 번쯤 생뚱맞다 생각했을 상가, 호텔, 백화점, 나이트클럽, 그리고 심지어 학교, 교회, 이슬람 사원, 절, 유대교회당에도.

이런 이유로 런던 거리에 몰래카메라가 있다. 런던에서 일반인은 하루 300회 사진이 찍힌다고 한다. 시카고에는 수백 대의 새 카메라가 설치 중이라고 발표되었다, 여기에 기존의 수 천대를 더해 보라. 물론 이것은 우리를 보호하기 위한 것이다. 보안 문제 아닌가. 이 카메라는 컴퓨터로 어떤 '유별난 행동'이라도 찍어서, 여차하면 부리나케 달려올 경찰서, 소방서 기타 소관 부서로 보내도록 프로그램되어 있다.

빅 브라더가 당신을 지켜보고 있다.

조지 오웰은 이미 50여 년 전에 자신의 책을 통해 이 오싹한 지구의 일상생활을 묘사한 바 있다. 그가 그린 악몽의 1984년의 세계가 현실화되는 데는 그의 예상보다 20년이 더 걸렸지만, 이러한 세계는 실제로 현실화되었고, 지상에서 인간의 위치를 15미터 범위 내로 추적할 수 있는 GPS 위성, 거리의 감시 카메라, 비디오

대여점의 대여 및 도서관 대출 기록에 관한 정부의 조회, 그리고 실제로 당신이 집 밖에서 하는 사실상 모든 유형의 활동에 관한 감시가 가능해졌다. 머지않아 당신의 집안에 카메라가 설치될지도 모른다. 누가 신경이나 쓰는가?

우리는 이런 모든 것이 필요하다는 말을 듣는다. 좌절하고, 성나고, 욕구불만에 차있고, 예측할 수 없으며, 언제든 폭력을 휘두를 수 있는 사람들이 그 어느 때보다도 더 곳곳에서 늘어나고 있으니 말이다.

이런 것이 왜 그런지 짐작이 가는가?

숙고해보라.

인류가 삶의 가장 어려운 문제에 관한 가장 현명한 답변을 구하는 곳인 인간의 신학이 왜 이런 추세를 뒤집지 못하는가? 그것을 사전에 미리 막는 것은 말할 것도 없고.

그 답은 분리의 신학이 더는 쓸모가 없다는 것이다. 그럼에도, 사람들은 이 순간까지도 그런 것이 신이 원하는 바라고 우긴다.

12.

신이 원하는 것에 관심이 있다면, 질문을 하나 해보자. 당신 생각에는 신학이 인류에게 어떻게 평화롭고 화합하며 서로 더불어 사는 것에 관해 효과적인 지침을 제시했는가?

내 의견으로는 제시하지 못했다. 사실 신학은 너무 자주 그 반대 결과만을 낳았다.

오늘날 매시간 400명의 어린이가 굶어 죽고 있다. 매시간. 한 해 세계 총 무기판매액의 고작 5퍼센트만 있어도 이 행성의 굶는 아이들을 먹일 수 있고, 예방 가능한 질병에서 죽는 것을 막을 수 있으며, 기초 교육을 모두가 받게 할 수 있다.

5퍼센트로 말이다.

이게 과연 가능할까?

그렇다. 가능하며, 사실이기도 하다.

어떻게 이것이 종교와 신학이 실패한 증거인가? 자신의 후손이 굶주려 죽는 지점까지 내버려두는 일은, 자신을 신과 분리하고 남들과 서로 분리해서 서로는 아무런 관련성이 없다고 간주하는 사람들의 사회에서만 발생할 수 있다. 그리고 이것이 바로 우리 종교가 가르치는 것이다. 오직 그러한 문화 이야기라야만 부유한 상위층 225명의 수입이 가난한 30억 명의 수입과 맞먹는 세상을 정당화할 수 있다.

그것이 끼치는 실상을 당신이 놓칠 수 있으니 다시 말하겠다. 우리는 부유한 상위층 225명의 수입이 가난한 30억 명의 수입과 맞먹는 세상을 만들었다.

30억. 세계인구의 절반이다.

이 모든 것에서 너무나 쓰라리게 통탄할 일은 그런 상황이 있다는 것뿐만 아니라 너무나도 많은 사람이 그 상황을 괜찮다고 여기는 데 있다. 부유한 상위층 225명의 수입이 가난한 30억 명의 수입과 맞먹는다고 그들에게 말하면, 그들은 "오호, 알겠어요, 그래서 뭐가 문제죠?"라고 응답할 것이다.

오늘날 세계에 그토록 짙은 불안과 폭력이 난무하는 이유를 알고 싶은가? 눈을 떠라.

아마 당신은 이미 눈을 떴을 것이다. 아마 당신은 어쩌면 자신이 이해한다는 걸 이미 알고 있을 것이다. 하지만, 뭔가가 바뀌려면 더 많은 사람의 이해와 그 이해로 뭔가를 실행하기 위한 결심이 필요할 것이다. 더 많은 사람이 자기 주위의 세상에 눈을 뜰 수만 있다면! 더 많은 사람이 우리가 하나임을 표현하는 세상을 창조해낼 수만 있다면. 우리의 신학이 더 많은 사람이 더 많은 시간에 이런 것을 더 많이 하도록 도와줄 수만 있다면 얼마나 좋을까! 그러나 사실 우리가 하나임을 경험하지 못하게 막고, 우리에게 분리를 가르치는 것이 바로 신학이다. 그와 같은 조건이 계속 존속하게 하는 것이 바로 우리의 분리 관념이다.

만일 신학이 자연과학이라면(이를테면 생물학이나 물리학이라면) 그 자료는 이미 오래전에 모순 없는 결과를 창출하기에는 의지할 만한 게 못 된다는 판명이 났을 것이다. 최소한 지금에는 이 신학이 의문시될 것이다.

인류는 삶과 신에 관한 신학의 데이터에 이의를 제기할 용기를 지녔는가? 물어서는 안 되는 성역을 여러모로 검토할 만큼 용감한가?

인간들이 신에 관해 안다고 여기는 매우 중요한 어떤 것이 순전히 부정확하다면 어쩔 텐가? 이래서야 뭔가를 바꾸기나 하겠는가?

사람들은 얼마나 더 견뎌내야만, 왜 세상은 늘 이런 식인지 근원적인 이유를 찾아 나서게 될 것인가? 그리고 신을 믿음으로써 세상의 악을 제거하기에 충분하다고 말하는 사람 중 얼마나 많은 사람이, 이 *부정확한* 믿음이 바로 그 악의 원인이 되기에 충분하다고 인정할 수 있을까?

당신은 어떤가? 이런 점에서 당신은 어디에 있는가? 현재 상황을 고려해볼 때 신·삶·서로에 관해 새로운 사고를 고찰해볼 절호의 기회일지도 모른다고 생각하지 않는가?

당신 삶은 어떻게 되고 있는가? 괜찮은가? 아니면 관계와 직업, 매일매일의 인생살이에서 솔직히 당신이 마주치고 싶은 것보다 더한 시련에 봉착하고 있는가?

당신 삶과 주변의 세상을 둘러볼 때, 당신은 신이 원하는 것이 반영된 모습이라고 생각하는가? 만약 아니라면 신이 뭘 바란다고 생각하는가?

그렇다, 나는 이것이 당신이 이 책을 집어든 이유라고 생각하는데, 그렇지 않은가…?

내 말은 당신이 이 책이 이 주제에 관해 뭐라 말하는지 알아보려고 했다는 뜻이다. 그렇지 않은가? 그럼 이제 그걸 말할 때가 왔다. 이제 신이 원하는 것에 관한 대진리를 드러낼 때가 됐다. 이것은 인간 종에게 주어진 가장 중요한 지식이라 하기에 충분하다. 과거에도 한 번 이상 인류 앞에 주어졌지만, 인류가 그걸 이해한 것 같지 않았다. 너무도 명확하고 알기 쉽게, 새롭고도 접근하기 쉬운 방식으로 드러내리니, 앞으로 오해의 소지는 없을 것이다.

인류의 미래에 이 정보는 지극히 중요한 것이니, 다음 장에서는 통째로 이것에 전념해보자.

하지만, 이 장을 넘기기 전에 미안하지만 경고해야겠다. 이 새로운 사실은 당신을 후려칠 것이다. 인간은 신이 원하는 것에 관한 믿음과 관념을 수천 세대 동안 집단의식 깊은 곳에 숨겨 왔다.

나는 수천 세대 동안이라고 말했다.

이것은 무척 긴 시간이다. 모험을 즐긴다고 주장하는 종種치고, 인류는 유독 새로운 것에 저항한다. 그리고 우주에서 가장 오래된 존재(일부 사람들이 우주보다 먼저이고 우주를 창조했다고 가정하는 그 존재)에 관해서라면, 그 저항은 사실 두 배가 된다.

그러니 다음 장章에서 접하게 될 깜짝 놀랄 만한 계시에 반감을 느낀다고 해서 놀라지 마라. 그래도 지금은 바뀔 때며, 다음 장은 단순히 이 책의 새로운 장이 아닌 그것 이상의 의미가 될 수 있고, 당신 인생의 새로운 서막도 될 수 있다.

이제 신이 원하는 것에 관한 진실을 용기 있게 함께 살펴보자.

13.

신이 원하는 것은

14.

당신은 인류사의 가장 중요한 의문에 관한 답을 방금 보았다. 신이 원하는 것은 무엇인가?

없다.

정말 아무것도 없다.

이 점을 숙고해보라.

정말 없다. 결국, 이 책이 당신에게 해줄 이야기는 없다고 확신하고, 여기서부터 이 책이 어디로 진행하려는지 알아보려고 조급하게 서둘러 미리 앞서 가거나 이 책을 내팽개치지 마라. 부디. 잠시 멈추어라. 그러겠는가? 멈추겠는가?

고맙다. 이제 나는, 방금 언급된 점을 당신이 찬찬히 숙고하기를 바란다. 책을 서서히 무릎에 내려놓고 잠시 눈을 감고 다음을 곰곰이 생각해보라.

신이 원하는 것은 무엇인가?

없다.

정말 아무것도 없다.

그것은 어떻게 느껴지는가? 그런 생각을 한번 해보니 어떤 느낌인가?

허탈한 기분인가? 화나는가? "어휴, 별거 아니잖아!"처럼 단지 동의할 뿐인가? 어리둥절한가? 행복한가?

만약 그것이 사실로 판명된다면 세상 전반은 어떻게 반응하리라 보는가? 변할 게 있다면, 무엇이 변하리라 보는가?

(마지막 질문의 답은 당신을 놀라게 할지도 모른다. 이제 그것을 검토해보려 한다.)

신이 아무것도 원하지 않는다면 과연 어떤 의미 있는 신학이 있을 수 있을까?

신이 원하는 것이 없다고 말한다면 아예 신이 없다고 말하는 것과 마찬가지인가? 우리가 모두 신이 존재한다고 하면서도 신이 원하는 것은 없다는 점에 동의한다면, 신은 도대체 뭐하는 존재인가? 신의 목적과 기능은 무엇인가? 왜 신을 믿는가? 누구에게 신이 필요한가?

어떤 사람은 이쯤 되면 "신을 믿을 이유가 없군. 신은 필요 없어."라며 어깨를 으쓱하고 가버린다.

나는 위 두 대목 중 첫 번째는 틀리고, 두 번째는 맞는다고 완강하게 주장하고자 한다. 신을 믿을 이유(훌륭한 이유)가 있고... 우리는 신을 필요로 하지 않는다.

신을 믿어야 하는 이유는 신의 능력이 우리 삶에 역할을 할 가능성을 이 믿음이 열어주기 때문이다. 신의 능력이 있는지를 믿지 못하면 그 힘을 활용할 수도 없기 때문이다.

하지만, 신이 불필요한데 왜 신의 능력을 활용하는 데 신경 써야 하는가? 적절한 질문이다. 신의 능력을 활용할 수 있다는 바로 그 사실이 신이 불필요한 이유다. 순환하는 답이다. 한 부자가 유언장에다가 자신의 전 재산을 당신에게 준다고 하며, 안전한 금고에 보관 중이라고 적어놓았다고 가정했을 때, 당신에게 그 사람이 꼭 필요한 건 아니다. 그러나 만일 당신이 그 사람이 존재했음을 믿지 않는다면 돈을 가지러 금고로 가지도 않을 것이다. 돈이 거기 있음도 믿지 않으리라. 책략이며 우스개로 생각할 것이다. 당신은 부자가 되고도 그걸 알지 못할 것이다.

신은 우리를 '신의 모습에 닮은꼴로' 만들었다. 이건 진실이다. 그저 멋진 진술일 뿐 아니라 있는 그대로다. 성서가 "내가 이르지 않았느냐, 너는 신이다."라고 말한 것처럼.

신이 필요하다는 관념은 환상이고, 망각의 행위다. 그건 우리의 유산을 거부하고 '우리가 진정 누구인지'를 잊었을 때, 진짜라고 상상하는 관념이다. 신에 관한 우리 믿음이 이런저런 이유로 신이 필요하다는 관념에 기반을 둔다면, 신과의 관계가 대부분 기능장애를 일으킬 것이다. 물론, 정말 그렇다. 이것이 핵심이다.

신을 믿어야(의존이 아니라: 역주) 할 정말 **중요한** 이유는, 바로 우리는 신이 필요 없다는 점이다. 제대로 된 어떤 부모라도 그렇듯 신은 우리를 충분히 잘 살아갈 수 있게 만들었다. 따라서 우리는 신을 그저 사랑하는 것에 열려 있다고 할 수 있다. 그리고 신을 그저 사랑하는 것이야말로 누구든 할 수 있는 가장 강력한 일이다. 사랑은 참된 자기의 힘을 해방하고, 그 힘이 해방되었을 때 우리가 하지 못할 일은 없기 때문이다. 물론, 이것이 신이 의도한 바다.

신은 우리가 그에게 의존하기를 의도한 것이 아니라, 홀로서기를 의도하였다. 자유로워지기를. 자유로워질 뿐만 아니라 **충분히 유능해지기를** 의도하였다. 무엇에? 우리가 오랫동안 염원해온 것을 생산하고, 창조하고, 체험하는 것에.

하지만 신을 그저 사랑한다는 의미는, 물론 우리가 신을 두려워하기를 그만둔다는 뜻이다. 그리고 그런 일은 신이 불필요하다는 생각이라야만 가능하다. 무언가를 위해 신이 필요하다고 생각하는 한, 우리는 두려움을 끌어당기게 되는데, 왜냐하면 신은 우리에게 언제나 필요한 것을 줄 가능성이 있다고 우리가 믿기 때문이다.

엄밀히 말하자면 인류는 대부분 필요에 기반을 둔 신과의 관계를 만들어냈기 때문에 신과 인간의 상호작용은 대부분 기능 위주다. 이 관계는 우리가 신에게 뭔가가 필요할 뿐만 아니라, 어쩌면 좀 더 심오한 의미, 즉 신도 인간에게 뭔가가 필요하다는 것을 가정한다.

만약 신이 인간에게 어떤 것도 필요로 하지 않는 게 진짜라면,

지구의 많은 인간이 확립한 신과의 관계가 무너진다. 무너진다고 해서 끝났다는 게 아니다. 때로는 뭔가가 처음으로 참되게 들어맞으려면 무너지는 것이 필요하기도 하니까. 뭔가를 무너지게 할 수도 있는 관념에서 도피하는 것이 항상 도움되는 것은 아니므로, 다음 개념을 이번에는 좀 더 철저하게 다시 살펴보자.

신이 원하는 것은 무엇인가?

없다.

절대로 아무것도 없다.

생각해보라. 열렬히 동의하지 않을지라도 숙고해보라. 특히 동의하지 않는다면 부디 더 깊이 생각해보라.

왜 동의하지 않는가?

이 진술이 맞지 않을 수도 있다는 말을 누구에게서 들었는가?

무엇이 그들을 옳게 만드는가?

그들이 옳은 것을 구별하는 법을 당신은 어떻게 알고 있는가? 그들이 책에서 그걸 읽었기 때문이라고? 꽤 많이. 그런데 무엇 때문에 그 책은 옳은가? 신이 옳다 했기 때문이라고? 어느 신이? 어느 책이?

단지 지적·감정적·영적 수련으로 여기며 이것에 관해 깊이 숙고해보라.

잠깐만이라도 신은 인류에게서 아무것도 원하지 않는다는 것이 맞는다고 치자. 그렇다면 사실상 삶의 모든 방식이 뒤엎어진다. 고대 신화가 뒤집어지고, 문화 이야기가 뒤집어지고, 민족 전통이 뒤집어지며, 집안 전통이 뒤집어지고, 종교 교리, 법체계와 교육체계가 무너진다. 모든 정치·경제·사회 구조가 뒤집어진다.

이런 점이 신이 뭔가를 원한다는 관념이 영속되어왔던 이유가 될 수 있을까?

숙고해보라.

신이 왜 뭔가를 원할까? 신이 과연 원하거나 필요로 할 수 있는 것이 뭘까? 신이 어떤 것을 원하거나 필요로 하게 만드는 것이 무엇인가? 신이 소유하지 못해서 불행해지게 할 수 있는 것은 무엇인가?

이제 숙고해보라...

무엇 때문에 신은 자신이 원하는 걸 얻는데 인간에게 그 책임을 떠맡게 했을까? 당신 같으면 자녀가 당신의 행복을 책임지게 하겠는가?

우리는 인간더러 신을 사랑하고, 예배하고, 숭배하며, 신에게 내맡기고, 감사하고, 충성하기를 원하는 신에 관해 들어왔다. 왜? 왜 신이 이런 걸 원하지? 신이 신경이나 쓰겠는가?

우리는 신이 인간에게 신의 계명을 지키기를 바라며, 지키지 않거나 타당하게 규정된 방식으로 용서를 구하지 않거나 용서받지 못하면, 견디기 어려운 고통의 지옥으로 보내고 싶어 한다고 들었다. 하지만, 숙고해보라. 왜 신이 인간을 혼란스럽고 나약하다는 이유로 가혹하게 벌하려 하겠는가?

만약 우리가 어떤 사람이 매사에 언제나 우리를 더욱 잘 이해하고 따르기를 바라는데, 그 사람을 그렇게 하게 할 수 없다면 우리는 이것을 그 사람 잘못으로 돌릴 것인가?

(물론, 우리는 그러려고 하고 또 그렇게 한다. 그래도 누가 우리를 비난하겠는가? 우리는 신을 모델로 삼고 있지만, 이 모델이 잘못된 가설에 기반을 두고 있다면?)

우리는 신의 정의正義는 완벽하다고 들었다. 그런데 왜 어떤 것에도 상처받지 않고 손상될 수 없는 신이 별것도 아닌 일로 누군가를 처벌하겠는가? 더군다나 고문까지 하면서?

신은 자신의 화를 돋운 수천 명을 죽였다고 경전에 기록된 대로 인간도 신을 위해 전쟁을 하고, 타인을 죽이기를 바란다고 우리는 들었다. 그러나 왜? 도대체 왜 신이 아무나 죽이고, 누군가에게 신의 이름으로 죽이라 요청하겠는가?

신은 정말 인간이 신의 목적을 위해 싸우면서 다른 인간을 대량 학살하기를 원하는가? 신의 목적이란 것이 대관절 무엇인가?

신은 도대체 뭘 하려는 것인가? 무엇이 '신의 목적'인가?

지상의 모든 이를 단일종교로 묶는 일? 정말 그런 목적이란 말인가? 그게 신이 원하는 것인가?

왜? 왜 신이 그것을 원하는가? 도대체 왜 신경 쓰는가?

당신이 이슬람교도, 유대교도, 힌두교도, 기독교도, 불교도, 바하이교도든 그게 정말 신에게 어떻단 말인가? 당신이 선량하고, 인정 많고, 잘 보살피고, 자비롭고, 사람을 사랑하지만, 어떤 조직된 종교에도 속하지 않은 사람이라면?

당신이 실제로 조직된 종교와 그것의 극단성에 관해 까발리면 어찌 될까? 배신자가 되는가? 끝장인가? 이단자가 되어 **철저한 신봉자의 손에 죽기 딱 좋은 사람이 되는가? 이게 신이 원하는 것인**

가?

　왜? 도대체 왜 그것이 중요한가? 누가 그것이 중요하다 말했는가? 당신을 신자로 끌어들이려는 조직된 종교가 그랬는가?

　숙고해보라.

　이것이 종교의 목적인가? 신의 대의명분인가?

　신이 아무것도 전혀 아무것도 인간존재에게 원하지 않는다고 공표하면, 이 사고체계 전반에 무슨 일이 일어날까?

　아무것도 원하지 않는 신을 당신은 믿을 수 있는가? 즉 그런 생각을 당신의 현실로 수용하는 것이 가능한가?

　상상이라도 할 수 있는가?

15.

　세상 사람이 대부분 신을 부정확하게 믿을 가능성을 고찰해보자. 신에 관한 진리란 대부분 사람이 상상조차 할 수 없는 어떤 것이라는 가능성을 고찰해보자.

　예를 들어, '신의 의지' 같은 게 없었다면 흥미 있는 일 아닌가? 이 점이 많은 걸 바꿀 수 있지 않을까?

　세상이 지금의 모습인 게 신의 의지라 생각하는가? 만약 신의 의지가 아니라면 신은 그것에 관해 무력한가? 만약 무력하지 않다면 왜 어떤 조치를 하지 않는가? 또 신이 만약 어떤 조치를 하고 있다면 왜 신은 성공하지 못하고 있는가?

　어떤 이는 그것이 인류 때문이라고 한다. 신이 원하는 것을 얻으려 하는데 인류가 딴죽을 걸고 있다는 것이다. 실제로 적잖은 사람들이 이렇게 믿고 있다. 이 교리에 따르면, 신은 원하는 것을 성취할 수 없고, 인류에게 잘못이 있다는 것이다. 그러나 '신이 누구고 무엇인지'를 인간이 제대로 이해한다면, 이 논리는 어디에선가 허물어지지 않을까?

　아마도 이쯤이 사탄이 들어오는 지점일 것이다. 이보다 더 좋은 여건은 없을 정도로, 분명히 편리한 구실이다. 이 모든 작업이 다 인간의 영혼을 얻기 위한 신과 사탄 전쟁의 일부분이다. 어쩌면 신이 사탄과 끝까지 싸우기 위해서 신의 의지에 맞서는 것이 나타나도록 신이 허용했을지도 모른다. 하지만, 그게 사실이라면 신의 의지가 방해받은 건 신의 의지고, 또 이 경우 신의 의지는 전혀 방해받은 것도 아니다.

언제나 발현되고 있는 신의 의지가 단순히 다른 형태가 될 수는 없는가?

그렇다면, 신의 의지는 무엇인가? 우리는 어떻게 그것을 알 수 있는가?

또다시 해보자. 인간은 어떻게 신이 원하는 것을 알 수 있을까? 좀 더 예리한 질문이 나올 시점인지도 모르겠다. 당신은 우리가 이 모든 것을 순전히 꾸며내는 것이 가능하다고 생각하는가? 적어도, 신에 관해 우리가 모르는 뭔가가 있다는 가능성, 알면 모든 것을 바꿀 수 있는 그런 앎이 가능하다고 생각하는가?

이 두 질문에 나는 그렇다고 믿는다. 여기에 모든 인간과 종교가 보기를 두려워하는 점이 있다. 어쩌면 인간이 신에 관해 이해하지 못하고 있는 바로 그 점은, 신은 인간이 생각해왔던 그런 존재가 전혀 아닐 수 있다는 것이다.

아마도 신이란 존재는 필요, 욕망, 사적인 의지와 두려움, 모든 내적 갈등, 모순, 혼란, 인간의 감정적인 동요를 지닌 하늘에 있는 늙은 영감이 아니리라. 아마 신은 모든 것의 총합(진실로 '전체의 전부'요, '알파와 오메가'요, **'존재**하는 것')이고, 신 밖에는 아무것도 없으리라.

이게 사실이라면, **당신**은 신의 범주를 넘지 않으며, 신은 당신의 외부에 있지 않다. 즉, 신은 당신이 원하는 걸 원하며, '당신을 위한 당신의 의지'가 '당신을 위한 신의 의지'라는 뜻이다.

그런데 "신의 의지가 아닌 그대의 의지대로 된다."라고 의식할 때 어찌 될까? 만약 신이 우리를 위해 선택하도록 우리가 결정을 내리고, 신은 "네가 원하는 대로 하라."라고 말한다면 어찌 될까? 만약 우리는 신에게 우리를 위해 선택해달라고 말하지만, 신은 우리에게 당신을 위해 선택하라고 말하고 있다면 의지·생각·요구에 무슨 일이 벌어질까?

신이 당신을 위해 선택하도록 당신이 결정을 내린다는 것은, 폭풍우가 치는 바다에서 돛을 내리고, 방향타에서 손을 놓고, 배가 표류하도록 놔두는 것과 본질적으로 같다. 왜냐하면, 신은 당신이 자신을 위해 선택하는 것을 진정으로 그리고 확실히 당신을 위해 선택하기 때문이다. 바꾸어 말하자면, 만약 신에게 어떤 선호가 있다면 사실 이것은 바로 당신이 선택하는 존재가 되는 것이다.

이제 당신이 선택하고 싶지 않아서 누군가가 당신을 위해 선택해주기를 바란다면, 약간의 문제가 생긴다. 물론 당신은 운명에 미래를 맡길 수도 있겠지만, 운명의 흐름은 당신이 확실히 터득했듯이, 당신을 둘 중의 한 방향으로 데려갈 것이다. 안전한 항구로 들어가든지, 아니면 여울목으로 가서 확실히 난파되든지.

'운명fate'이란 '모든 곳의 모든 생각에서From All Thoughts Everywhere'의 머리글자이기 때문이다. 그것은 타인뿐만 아니라 당신의 모든 과거 생각을 포함한다. 먼저 당신의 생각이 나타날 것이다.

첫째로 일어나는 일은, 당신의 창조적 자기가 가장 우세한 생각(종종 잠재의식에서 발견됨) 쪽으로 방향을 틀 것이다. 즉, 당신은 의식적으로 알아채지 못하면서, 결과를 창조할 것이다. 의식적으로는 전혀 창조하지 않을 것이다. 무의식적으로 창조하고는 '운명'이나 '신의 의지'로 그리되었다고 주장할 것이다.

당신의 생각 이외에도, 당신의 미래는 주변 세상의 집단의식에 의해서도 영향을 받을 것이다. 즉, 당신과 함께 살고 당신의 여정에 함께하는 인간존재들, 그리고 어떤 수준에서 함께하는 모든 세상 사람의 결합한 태도 역시 종종 우리의 운명에 관한 집단 체험을 창조한다.

이제 이 타인의 여러 생각이 서로 현저하게 다를 수 있기에, 당신은 다소 공격받고 있다고 느낄지도 모른다. 이것은 당신이 뭘 해야 할지 갈피를 못 잡는 '분열된' 느낌으로 나타날 것이다.

삶에서 우유부단은 더 많은 우유부단을 낳을 뿐이고, 이것도 궁극적으로 당신이 내린 결정이다. 곧 알게 되겠지만, 결정하지 않는 것도 결정인 까닭이다. 사실 당신은 언제나 결정하고 있으며, 단지 어떻게 결정하고 있는지가 문제일 뿐이다. 당신은 언제나 창조하고 있으며, 단지 어떤 방법을 쓰는지가 문제일 뿐이다.

나는 모든 것을 의식적으로 본인이 직접 선택하기를 추천한다.

만약 당신이 세상의 진로가 어디로 향할지 선택하지 않고 그냥 내버려둔다면, 인류의 집단의식이 이 행성의 진로와 방향을 정할 것이다. 당신은 집단의식을 따를 수도 있고, 집단의식을 이끌어 바꿀 수도 있다.

당신이 이 모든 것의 방향을 신에게 기대고 있다면, 여기서 제기된 강력한 의문을 살펴보고 싶어질지도 모른다. 자신을 위한 당신의 의지가 당신을 위한 신의 의지라면 어쩌겠는가? 이것을 인류의 집단의지에 적용해도 참이라면 어쩌겠는가? 신은 인류의 집단의지에 맡기기는 하지만, 바꿔주지는 않는다면 어쩌겠는가?

숙고해보라.

여기에는 많은 뜻이 내포되어 있다.

아마도 '신'은 인간에게서 뭔가를 원하는 게 아니라, 오히려 인간에게 뭔가를 주기 위해서 존재할 것이다. 어쩌면 신이 인간에게 주고 싶어 하는 것은 인간이 원하는 바로 그것일 것이다. 더도 덜도 말고.

이런 것이 흥미롭지 않을까…

이제 부디 추가 가능성도 고려해보라. 이런 생각은 당신의 모든 것을 바꾸고, 모든 가능성을 열어줄 수 있다. 이런 생각은 당신 내부에 즉각적 평화와 즉각적 이해를 낳을 수 있고, 마침내 당신의 혼이 이해하는 방식으로 자신의 삶을 살아가는 능력과 의식의 즉각적 확장을 제공할 수 있다.

당신이 '신'이라 부르는 것이 단순히 '삶'이라 부르는 것일 가능성을 고려해보라. 신이 삶을 창조했을 뿐만 아니라 신이 삶이고, 또 삶이 곧 현현한 신일 가능성도 고려해보라.

이건 새로운 관념이 아니다. 예전에 들은 적이 있었지만 단지 진지하게 고심하지 않았을 뿐이다. 이것이 내포하는 바를 생각해본 적이 있는가? 대부분 사람이 그런 적이 없다고 할 것 같다. 이 관념을 널리 배우는 것이 허용되지 않았다는 단순한 이유로.

이것은 인류의 초기 권력구조들이, 특히 그중에 막대한 종교가 만들어낸 상명하복식 통치 패러다임에 도움되지 않기에 널리 교육되지 못했다.

이런 상명하복식 통치 패러다임은 종교가 발견되는 곳이면 어디서나 두드러졌다. 근대 이전의 영적 권위자는 교황이었고, 그는 신에게서 자신의 힘과 권위를, 그리고 필연적으로 무오류성도 직접 받았다고 했다.

자신이 한 여성과 이혼한 뒤 다른 여성과 재혼하는 것을 인가하지 않으려는 교황에 화가 치민 한 영국의 왕은, 간단히 새 종교를 창시하고 자신을 '지고자Most High'인 신에게 응답받는 유일한 자로 선언했다.

일본 국왕은 신의 화신으로 널리 받아들여졌다.

전 인간 종과 국가는 자신들을 나머지 인류보다 어떻게든 더 숭고하고, 더 특별하고, 좀 더 구별되게 하려고 신의 **상명하복식 통치** 권위를 끌어들였다. 그들은 자신들을 선민, 하나님의 통치 아래 있는 유일한 백성, 이슬람 국민이라고 불렀다.

어떤 사람들은 자신들의 그룹이 아닌 자들과 맞서 싸우는 최악의 행위들을, 신을 대신한 성전聖戰이라는 의미로 지하드, 십자군이라 칭함으로써 정당화하려고 노력해왔다.

이제 신이 아무것도 원하지 않는다면, 이 모든 것이 설 자리는 어디일까?

16.

 만약 신이 피라미드식 구조의 정점에서 권위를 아래쪽으로 내려주는 지배자가 아니라 그 모든 구조에 존재하는 힘이라고 한다면, 그래서 어떤 점에서는 그 구조 자체라고 한다면, 인간사회의 상당 부분이 기반을 두고 있는 그 상명하복식 지배구조는 어떻게 될까?
 그러면 그 구조는 해체된다. 지배구조가 빌려 온 권위는 인정받지 못한다.
 이런 이유로 권력을 쥔 자와 조직들은, 그중에도 막대한 종교는 모든 것과 하나인 신을 가르치길 꺼린다. 즉, '함께 하는 힘'이 아니라 '지배하는 힘'이라는 개념의 신을 조장하고 있다.
 만약 '신'과 '삶'이라는 말을 서로 바꿔 쓸 수 있다면, 그 내포된 의미는(상상할 수 있다면) 막대해서 근본을 뒤흔들고, 비틀거리게 하며, 패러다임을 박살 낸다. 왜냐하면, 누구나 삶에 관해선 뭐가 참인지 알기 때문이다. 신에 관해 무엇이 참인지 몰라도, 삶에 관해 무엇이 참인지 알기 때문이다.
 삶에 관해 참인 것은, 삶 밖에는 아무것도 없다는 점이다. 삶이 없다면 어떤 것도 존재하지 않으며, 만약 아무것도 존재하지 않는다면 삶은 존재하지 않는다.
 당신은 삶 자체의 발현이다. 당신 주변의 모든 것도 그렇다. 소위 생명 없는 물질도 현미경으로 관찰해보면 끊임없이 운동하는 입자들로 구성되어 있음이 발견된다. 이 입자와 운동이 모두 삶을 구성하는 부분이다. 실로 관찰할 수 있는 우주의 모든 것은 이런 저런 형태의 삶이다.

　삶 자체가 삶의 실존을 증명한다. 삶은 스스로 지시하고, 스스로 증명해내며, 스스로 부양하고, 스스로 명백히 밝힌다. 삶은 삶이 실존한다는 증거다.

　모두가 이것을 알뿐만 아니라, 모두가 이것에 동의한다. 여기서 이야기되고 있는 것을 너무나 위험하게 만드는 것은, '신'이라는 단어를 '삶'이라는 단어로 바꿀 때 발생한다. 그것은 다음의 결과를 낳는다.

　신 바깥에는 아무것도 없다. 신이 없다면 어떤 것도 존재하지 않으며, 만약 아무것도 존재하지 않는다면 신은 존재하지 않는다.

　당신은 신 자체의 발현이다. 당신 주변의 모든 것도 그렇다. 소위 생명 없는 물질도 현미경으로 관찰해보면 끊임없이 운동하는 입자들로 구성되어 있음이 발견된다. 이 입자와 운동이 모두 신을 구성하는 부분이다. 실로 관찰할 수 있는 우주의 모든 것은 이런 저런 형태의 신이다.

　신 자체가 신의 실존을 증명한다. 신은 스스로 지시하고, 스스로 증명해내며, 스스로 부양하고, 스스로 명백히 밝힌다. 신은 신이 실존한다는 증거다.

　문제가 있다고 생각하는가? 위에 언급한 세 개의 단락은 신에 관해 다룬 다른 책들의 많은 부분을 무너뜨릴 것이다. 모든 것이 부서진다. 신에 관한 믿음 몇 가지뿐만 아니라, 우리가 인간사회를 세운 바로 그 근간을 허물게 된다.

　이것에 관한 놀랍고도 흥미로운 점은 우리가 우리 자신을 새롭게 재창조하고 인간사회를 재건하게 된다는 것이며, 이는 정확히 지금 진행되고 있는 일이기도 하다. 인류는 자신을 재구성하는 과정 중이며, 그 과정에서 자연스럽게 자신이 해체되기를 요구받고 있다. 그 해체된 조각들이 우리 앞에 놓여, 우리가 그것을 어떻게 새로운 방식으로 조립할지 충분히 알 수 있게 되기까지는. 그것은 모두 진화의 과정이다.

　이 과정의 대단한 부분은 신에 관한 전체 관념과 신이 원하는 것에 관한 우리 생각을 새롭게 탐구한다는 점이다. 만약, 실제로 '신'과 '삶'이 같은 것을 나타내고 있다면, 그때는… 우리에게 상당히 중요한 신학적 영향을 끼친다.

　삶 자체보다 삶이 존재한다는 증거가 더 필요한가? 아니다. 삶은 무엇을 원하는가? 아무것도 원하지 않는다. 삶은 그저 존재할 뿐이다.

　삶은 쓰일 에너지이자 동력이다. 삶을 우리는 모두 자유롭게 쓰고 있다. 삶에는 기대도 없고, 욕망도 없고, 요구도 없고, 필요도 없다. 삶은 숭배될 필요도 없고, 삶을 숭배하지 않았다고 벌 줄 필요도 없다. 삶은 감정에 좌우되지 않는 단일 현실이다. 삶은 창조자요, 창조된 창조자다.

　삶은 생명의 원천이요, 그 근원을 있게 해준 존재다. 또 삶은 삶을 낳고, 삶 자체의 과정을 통해 삶에 관한 삶을 형성한다.

　간단히 말하면, 삶은 알파요 오메가이며, 전체의 전부다. 그렇지 않은 것은 없다.

이것이 신에 관한 규정이 아니라면 무엇이란 말인가?

17.

신은 삶이고 삶은 신이다. 신 바깥에는 아무것도 없고, 따라서 신과 기타 모든 것 사이에 분리는 없다.

인류의 이런 이해는 분리의 막을 내리고, 그 결과 분리가 처음 길들이게 되었을 때 시작된 순환을 끝낼 것이다.

서양의 주요 종교는 3천 년에 걸친 연속된 계시에 기반을 두고 있다. 휴스턴 스미스Huston Smith가 쓴 대작 「세계의 종교들」The worlds Religions의 내용을 쉽게 풀이해보면 우리는 다음 내용을 알게 된다.

1. 아브라함의 계시는 해와 별, 기후와 곡식, 땅과 바다를 통치하는 여러 명의 신이 존재하는 것이 아니라, 오로지 한 통치자인 유일신만 있을 뿐이라는 것이었다. 모세의 계시는 그 한 통치자의 율법이 무엇인지에 관한 것이었다. 그는 십계명이 있다고 했다.

2. 예수의 계시는 그 한 통치자의 율법들이 하나의 율법으로 줄일 수 있다는 것이었다. 그것을 '황금률'이라고 일컬어왔다.

3. 무하마드의 계시는 그 한 통치자에 의한 하나의 율법은 일상생활에 매우 실용적인 방식으로 적용되어 매우 폭넓은 지침 위에 구조와 절차를 덧씌우고 일반성을 특수성으로 전환할 수 있다는 것이었다.

이제 새로운 계시가 나온다. 그것은 하나의 교사가 아닌 많은 교사에게서, 하나의 음성이 아닌 합창에서 나온다. 그 합창은 다양한 음조로 노래하고 있는데, 그것이 바로 영혼의 노래다.

4. 그 한 통치자에 의한 하나의 계명이 바로 자기 율법이다.

이것은 주요 종교의 가르침과는 정반대다. 전통 종교에서 인간이 타락한 원인이라 할 만한 생각이다. 그런데 이 생각이 인류를 구원하는 것으로 밝혀진다면 흥미롭지 않겠는가?

자신을 자기 율법의 역할 아래 두는 것은(이런 것이 신의 역할인데) 최악의 신성모독이라고 말하는 사람들이 있다. 그것은 과대망상이요 미쳐 날뛰는 에고며, 거만함의 극치요 가장 저급한 허풍이라고 한다. 인간존재는 신의 율법에 복종해야지 스스로 다스리려고 해서는 안 된다고 한다. 이런 것이 신앙에는 차이가 있을지라도 주요 종교들의 두드러진 교리다.

그래서 새 계시는 충격으로 다가온다. 신학상 격변일 것 같다. 어떤 신을 믿든 간에 대체로 불쾌해한다. 그러나 분별 있는 사람이라면, "만일 이것이 진짜라면 어쩌지?"라고 물어봐야 한다. 만일 신이 인간에게 스스로 다스릴 능력과 권위를 주었고, 그들 위에 다른 어떤 권력도 주지 않았다면 어찌 되는가? 이것이 바로 자유 의지가 의미하는 바라면 어찌 되는가?

'신'이라는 말과 '삶'이라는 말이 서로 바꿔 쓸 수 있는 말이라면, 단지 흥미로운 생각이 아닌 진실이라면, '신이 누구이며 무엇인가?'라는 동서고금의 크나큰 신비가 마침내 풀릴 것이다.

전통 종교조차 신은 전체의 전부라고 한다. 만약 그것이 참이라면, 가지각색의 형태로 존재하는 신 외에는 어떤 것도 없다. 신은 신에게서 분리될 수 없으며, 따라서 어떤 것에서도 전혀 분리되지 않는다. 신은 무수한 방식으로 스스로 분화할 수 있으며, 자기발현의 수단으로 분화한다. 그것을 통해 자기를 의식하게 된다. 그렇다고 분화가 분열은 아니다. 분리는 존재하지 않는다.

사실이 이렇다면, 신은 주고받기를 하는 바로 **당신이기** 때문에, 당신이 신에게 어떻게든지 줄 수 있는 모든 것을 신은 이미 당신에게서 받았다. 따라서 신은 당신에게 아무것도 원하지 않고, 필요로 하는 게 없으며, 당신이 '자기'라고 생각하는 신의 개체화된 측면에 요구하는 것도 없다.

마찬가지로 신이 당신에게 어떻게든지 줄 수 있는 모든 것을 이미 당신에게 주었다. 신은 당신 안에, 당신으로서 존재한다. 따라서 당신은 부족함이 없다. 신에게 요청할 필요도 없다. "청하기도 전에 답하리라."라고 쓰인 그대로이기에.

이것이 참이라면, 언제든 할 수 있는 유일한 기도는 감사의 기도뿐이다. 사실, 감사는 모든 마스터가 이제껏 해왔던 유일한 기도다.

여기에 내가 들어서 아는 아주 강력한 기도가 있다. 나는 자주 사용한다. "신이시여, 이 문제가 이미 해결되었음을 알게 해주셔서 감사합니다."

감사의 기도가 있고 청원의 기도가 있다. 마스터는 청원의 기도가 단지 진실을 부정한다는 걸 안다. 당신도 이제 이것을 알 때가 되었다. 뭔가를 요청한다는 것은 당신에게 그것이 없음을 알리고 있다. 당신이 부정하는 것을 경험할 수는 없기에, 이런 점은 당신이 그것을 체험하기가 매우 어렵게 만든다.

신에게서 필요할 모든 것이 지금 당신 안에 있다.

더 많은 사랑이 필요하다 느끼는가? 지금 당신 안에 있다.

더 많은 자비가 필요하다 느끼는가? 지금 당신 안에 있다.

더 많은 인내·이해·인정·연민·용서가 필요하다 느끼는가? 그건 지금 당신 안에 있다.

이런 점을 알면 당신은 다시는 이런 필요를 느끼지 않게 될 것이다. 당신이 느끼게 될 것은 그것을 불러내는 소망뿐이다. 마스터의 체험에서는 필요는 소망으로 대체된다.

소망과 필요는 같은 것이 아니다.(비록 우리 중 많은 이가 우리의 삶에서 그렇게 만들어버리긴 했지만) 뭔가를 소망한다는 것은 뭔가가 필요하다는 것과 전혀 같지 않다.

소망은 선호지만, 필요는 요구다. 당신이 뭔가가 필요한지 아니면 뭔가를 소망하는지는 그것을 얻지 못할 때 당신에게서 줄어든다고 느끼는 행복의 양을 가늠해 봄으로써 알 수 있다.

당신은 딸기아이스크림을 선호하겠지만, 생딸기를 먹어도 괜찮고, 아무것도 먹지 못하더라도 아무 문제 없다. 짙은 갈색 머리 연인을 선호하겠지만, 금발이어도 좋다. 당신은 신체상의 고통이 없거나 기능이 떨어지지 않기를 선호하겠지만, 아픔이 좀 있다고 해도 개의치 않는다. 그래도 살 수 있다. 심지어 그런 상황에서 행복할 수도 있다.

인간 잠재력의 전문가인 켄 케이즈 쥬니어Ken Keyes Jr.는 「숭고한 의식에 이르는 핸드북」Handbook to Higher Consciousness에서 만약 당신의 행복이 어떤 상황에 달렸다고 느낀다면, 당신은 필시 특정 조건과 환경에 집착addiction하는 것이라고 말했다. 이어서 내면의 평화에 이르는 비결은 집착을 선호로 끌어올리는 것이라고 말했다.

이것이 마스터로 가는 길의 첫걸음이다. 매 순간이 그 길을 향한 걸음이다. 매 순간이 과정이다. 그것을 이런 식으로 생각해 본 적이 있는가? 삶의 매 순간이 과정이다. 당신은 '자기가 누구인지' 그리고 '자기가 누가 되기로 선택하는지'를 결정하는 순간순간에 있다. 그리고 굳이 과거의 모습대로 될 필요는 없다. 이것이 대해방이다. 그것이 바로 대기적이다. 대승리기도 하고.

그러나 당신이 타인과 싸우고 있다고 여긴다면 이런 승리를 거둘 수 없다. 만약 신과 악마가 벌이는 전쟁에서 당신이 악마와 최전방에 대치하고 있는데, 당신에게 딴짓을 시키려는 악마의 온갖 시도에도 신이 원하는 것을 신에게 바치는 것이 당신에게 달렸다고 상상한다면, 당신은 결코 이길 수 없는 대전쟁에 휩쓸리게 될 것이다. 그런 전쟁은 존재하지 않기에 이길 수도 없다.

신은 무엇을 원할까? 그런 건 없다. 누가 신의 적인가? 아무도 없다.

신에게 '필요'는 없지만, '소망'은 확실히 있다. 소망은 모든 창조의 발단이다. 그것은 첫 번째 생각이요, 내면 혼의 웅대한 느낌이다. 무엇이 신의 소망인가? 만약 신이 지금 여기서 오늘날 우리에게 이야기한다면, 나는 다음과 같이 말하리라고 믿는다.

"나는 우선 내 모든 영광 속에서 나를 알고 체험하기를 소망한다. 그다음 네가 어떤 길을 선택할지라도 내가 너 자신을 창조하고 경험하라고 준 능력으로 '자기가 진정 누구인지'를 알고 체험하기를 소망한다. 셋째로, 지금이라는 순간순간마다 삶의 전 과정이 끝임없는 기쁨, 연속적인 창조, 끝없는 확장, 완전한 성취의 체험이 되기를 소망한다."

"나는 이 소망이 실현되도록 완벽한 시스템을 세워놓았다. 지금 바로 이 순간에도 실현되고 있다. 너와 나의 유일한 차이는 나는 이것을 안다는 것뿐이다. 너의 **완전한 앎**의 순간에(그 순간은 어느 때라도 올 수 있다), 내가 언제나 그러하듯이, 너 또한 전적으로 기뻐하고, 사랑하며, 받아들이고, 축복하며, 감사할 것이다."

"이것이 신의 다섯 가지 태도다. 너희는 공포·분노·폭력·심판·비난에 관한 언급이 없다는 점을 알아차릴 것이다. 누가 뭐래도 이런 것들은 신의 태도가 아니다. 너희는 이제 자유롭게 이런 관념들을 놓아 버릴 수 있다. 너희가 언제나 자유롭게 그럴 수 있었듯이. 나는 너희에게 아무것도 원하지 않으며, 특히 억지 충성이나 요구받는 사랑은 말할 것도 없다."

여기에 신의 가장 큰 선물이 있다! 만일 신이 원하는 게 있다면, 당신은 전 생애를 오로지 그 답이 뭔지 찾아내려고 소모할 것이다. 그러나 신이 원하는 게 없다면, 그때에 당신은 체험하고 싶은 삶을 창조할 완전한 자유를 누리게 된다.

사실 '완전한 자유'는 두 낱말로 표현된 완벽한 사랑의 정의다. 또한, 이것은 신에 관한 다른 정의다. 신은 완전한 자유의 핵심이기 때문이다. 또한, 이것은 영혼에 관한 묘사다. 당신의 영혼은 완전한 자유의 발현이다. 애석하게도 대부분 인간은 정반대를 믿고 있다.

대부분 인간은 영혼이 육체에 '갇혀' 있다고 믿고 있다. 영혼이 일종의 임시 거처에, 비극과 고통 그리고 힘들여 배우는 것이 일과인 일종의 '학교'에 거주한다고 믿고 있다. 사실, 많은 종교에서 이런 가르침을 여러 방편으로 가르치지만, 그것은 오해고 오류다. 그것은 사물의 참된 본성에 완전히 역행한다.

삶과 신, 사랑 그리고 **당신**의 본질은 자유다!

당신이 바라는 어떤 현실도 자유로이 불러낼 수 있다. 무언가를 불러내는 가장 빠른 방법은 그것을 남에게 주는 것이다. 자기에게 없는 것을 남에게 줄 수 없으니, 그것을 지니게 하는 것은 그것을 주는 것이다. 그것은 놀랍도록 단순한 공식이 아닌가?

이점을 좀 더 명확히 하기 위해 예를 들자면, 당신이 풍요를 체험하기를 바란다고 해보자. 당신이 가진 것이 단돈 천 원밖에 없다 하더라도 당신은 풍요를 체험할 수 있다.

당신보다 적게 가진 누군가를 찾아내서, 당신 몫의 일부를 그에게 주는 순간 풍요의 체험은 당신 것이 된다. 이것이 바로 세상에 적립積立하는 방법이다. 이런 방법이 당신의 내면세계를 바꾸기 위해, 외부 세상을 바꾸는 새로운 발상이다. 이처럼 사람들이 분리가 없는 신에 관해 믿는다면, 신이 그렇듯 아무것도 원하지 않는 사회를 창조하게 된다.

뭔가를 지니고 있음을 체득하기 위한 가장 빠른 방법은 그것을 줘버리는 것이 사실이어서, 당신이 뭔가를 지니는 것을 체험하고 싶다면, 즉시 남에게 그것을 지니게 하는 체험을 하게 하라. 이것은 돈뿐만 아니라 삶의 모든 면에도 작동한다. 사랑에는 특히나 잘 작동한다.

당신에게 능력이 있음을 체득하고 싶다면, 남에게 능력이 있음을 체험하게 하라. 삶에서 자비를 체득하고 싶다면, 남에게 그의 삶에서 자비를 체험하게 하라. 더 많은 벗을 사귀고 싶다면 남에게 벗이 생기게 하라. 삶에서 더 많은 유머를 바란다면 남의 삶에 더 많은 유머를 가져다주어라. 어떤 일이든 이것을 시도해보라! 모든 것에 적용해보라! 효과가 있다.

이 가르침을 두 낱말로 요약할 수 있다. '근원이 돼라.' 어떤 사람들에게 이것은 엄청난 역할 반전이다. 대부분 사람은 삶이 주는 선물을 받아들이는 역할에 머물렀다. 그들은 먼저 청원하는 역 다음에 받는 역을 한다. 먼저 요청한 다음 받기를 기다린다. 내가 여기서 말하는 요지는, 받기를 간청하거나 기다리지 말라는 것이다. 받고 싶은 것을 주어야 마땅하다. 당신이 경험하고 싶은 바람을 남에게 체험하게 하라.

예전에도 이런 단순한 메시지를 전한 존재들이 있었다. 그 중 한 사람은 결코 잊지 못할 방식으로 말했다. '남이 나에게 해 주기를 바라는 그대로 남에게 해주어라.'

인간은 이것이 좋고 고상한 행동 방식이라서가 아니라, 바로 우주가 작동하는 방식이기에 그리하도록 권장 받는다. 이것이 그 메커니즘이며 과정이다. 분화된 형태의 당신 **말고**는 아무도 없기에 남에게 하는 것이 곧 자신에게 하는 **것이다**.

이제 당신은 하나됨의 신학이 어떻게 '필요 없음'을 창조하는지 안다. 신뿐만 아니라 인간존재라고 알려진 신의 부분을 체험하는 것에서도. 만일 우리가 모두, 우리를 하나로 보았다면 그것은 우리 종의 새로운 윤리와 이 행성의 새로운 생활 방식을 만들어낼 것이다. 사실상 우리의 모든 행위가 바뀔 것이다.

내가 알기에는 행위가 바뀌려면, 다른 변화가 먼저 일어나야 한다. 즉 인류가 신을 이해하는 기본 방향의 변화, 그리고 그 신학의 확대와 확장이 선행되어야 한다.

새로운 영성이 태어나야 한다. 두 개의 새롭고 완전히 재구성된 핵심 개념을 중심으로 구축된 영성이 태어나야 할 것이다. 즉 신은 아무것도 원하지 않으며, 신은 어떤 것에서도 분리되어 있지 않다는 개념이 그것이다.

이 두 개념은 너무나 새로우므로 이 책의 나머지 부분 내내 이런저런 형태로 반복될 것이다. 무심코 반복되는 것으로 생각하지 말기 바란다. 그것은 매우 의도적으로 일어난다. 누군가 "그래, 그 새로운 영성이란 게 뭐죠?"라고 물을 때, 당신 혀끝에서 대답이 맴돌 것이다. 비록 당신이 그것에 동의하지 않는다 하더라도, 그것에 찬성하든 반대하든 간에, 그것이 정확히 무엇에 관한 것인지를 알 것이고, 그것을 분명히 말할 수 있을 것이다. 새로운 영성이란 '신이 원하는 것'에 관해서가 아니라, '신이 무엇인지'에 관해서 말하는 영성이라고 말할 수 있을 것이다.

18.

오직 유일신만 있다. 우리가 생각하는 신이 어떻든 간에 대부분 세계 주요 종교는 오직 하나만 있다는 것에 동의한다.

이슬람에서는 간단명료하게 '알라 외의 신을 두지 마라.'(라일라 하 일라 알라)라고 하며, 유대교와 기독교에서는 '나는 주 너의 하느님이다. 내 앞에 다른 신을 두지 마라.'라고 한다.

'오직 유일신만이 있다.'에서 '오직 한가지가 있다.'로의 변혁은 수월하다. 이것은 교리의 거부가 아니라 확대며, 전통적 종교의 가르침을 버린 것이 아니라 확장한 것이다.

이것을 이해하는 게 중요하다. 새로운 영성의 창조는 우리의 신앙 전통을 버리는 것으로 시작되지 않는다. 이는 종교를 거부하는 것과 관련이 없다. 사실 이것은 종교를 소생시키고, 활기차게 하고, 참신하게 한다.

예수는 이것을 제시했다가 십자가형을 당했다. 그는 세상을 향해 신앙 전통을 버리라고 하지 않았다. 더 알아야 할 것이 있다고 했다. 그 이전이나 이후나 사람들은 그런 발상을 시큰둥하게 받아들였다. 하지만, 삶 자체는 우리로 하여금 조금씩 전진하며 성장하다가 인간 이해의 한계까지 밀고 나아가, 그다음에 올 획기적인 대도약을 위한 준비태세를 갖추어, 절대로 다시는 후퇴하지 말아 달라고 요청한다.

진화는 상승하는 여정이지, 하락하는 악순환이 아니다.

이제는 인류의 종교가 성장해야 할 때다. 성장은 죽음이 아니라 그 반대이다. 그래서 누구도 새로운 영적 발상이 종교를 아주 없애 버릴 것이라고 걱정할 필요가 없다. 그렇지 않다. 종교에 다시 활력을 불어넣을 것이다.

종교는 이제 '오직 유일신만 있다.'에서 '오직 한가지가 있다.'로 변혁될 기회를 맞았다. 이것은 이슬람권의 수피Sufi 운동 같은 영적 운동이 이미 해냈던 변혁이다. 또 수피즘에서 '유일신 말고 다른 신은 없다.'라는 선언이 '신 말고는 아무것도 없다.'로 오래전에 바뀌었다고 우리에게 말하는 이가 바로 휴스턴 스미스Huston Smith다.

나는 몇몇 사람들에게 이 발상이 곤란할 것이라고 본다. 만일 오직 한가지만 존재한다면, 모든 것과 모든 이는 이 한가지의 부분임이 틀림없다. 이것은 스트레스받는 순간과 곤란한 때에 타인에게 의존한다는 관념이 사라지리라는 것을 의미한다.

어디서 위안·용기·지혜·강인함을 얻을 것인가? 어디서 답을 구할 것인가? 소망하는 결과를 얻기 위해 누구에게 간청할 것인가? 누구에게 불평할 것이며, 또 누가 친절과 사랑으로 불평을 들어주었는지 알 수 있는가?

기쁜 소식은 누구나 여전히 이런 이유에 관한 한, 신에게 의존할 수 있다는 것이다. 신이 모든 것이라고 해서 신이 늘 해왔던 어떤 역할을 멈추어야 한다는 의미는 아니니까. 오히려 신이 지금 훨씬 더 많이 존재하게 된다는 의미요, 좀 더 정확하게 말하자면 당신이 신을 훨씬 더 체험하게 된다는 의미다.

사람들은 여전히 위안이나 지혜를 구하려고 신에게 의존하고, 또 필요한 것을 신에게 요청할 수 있다. 또는 받게 될 것에 관해 신에게 미리 감사할 수도 있다. 예전에 그랬듯이 큰소리로 불평해도 된다. 질문할 수 있고 심지어 논쟁해도 된다. 이제 당신은 아무 두려움 없이 아브라함과 모세, 예수, 무하마드, 기타 신을 진정으로 이해했던 모든 위대한 마스터의 전통 속에서 이렇게 해도 된다. 약간의 질문도, 토론도 없이 어떻게 진실로 신을 알 수 있단 말인가?

'보통 사람들'이 신을 알고 신이 원하는 것을 아는 것이 가능한가? 진실로 그렇다. 이렇게 되기 위해 위대한 마스터가 되거나 살아 있는 성자가 될 필요는 없다. 일상적인 보통 사람들도 그렇게 할 수 있다. 당신이 할 수 있고 나도 할 수 있다. 당신은 그걸 하는 큰 걸음을 바로 지금 내딛고 있다.

당신이 그렇게 할 수 있다고 생각하기를 원하지 않는 사람들도 있다. 그들은 당신이 그렇게 하려는 시도만으로도 신성모독이라 말할 것이다. 하지만, 그 말은 틀렸다. 전혀 진실이 아니다. 신은 우리가 이해하기를 바라지 않는 세상을, 우리가 이해하기를 바라지 않았던 삶을, 우리가 아는 것을 전혀 바라지 않았던 신성의 체험을 만들지 않았을 것이다. 그래 봤자 무슨 소용이 있겠는가?

당신이 이런 불가능성을 받아들이지 않는다면 진실로 신을 이해할 가능성이 열릴 것이다.

신이 원하는 것이 도저히 파악할 수 없는 신이라는 관념을 놓아버려라. 만약 그렇게 할 수 있다면, 신에 관한 당신의 이해는 영원히 바뀔 것이다. 그런데 이 일이 인류에게 일어나려 하고 있다. 될까 안 될까가 아니라 언제 되는가의 문제이다.

하지만, 신에 관한 인류의 이해가 바뀌리라는 사실이 신에게 접근하는 인간의 방식이 바뀌어야 한다는 의미는 아니다. 바뀔 수 있는 것은 신이 인간에게 접근하는 방식이다. 아니면 더 정확히 말해서, 신이 접근한다고 믿는 인간의 방식이 바뀔 수 있다.

현재, 사람들은 인간이 신에게 접근하는 방식(대개는 쇼핑 목록을 들고)대로 신이 인간에게 접근한다고 믿는다. 인간존재는 자신이 원하는 것들을 신에게 요구하고, 신도 자신이 원하는 것들을 인간한테 요구한다는 식이다. 이것은 사고파는 거래다. 당신이 이걸 주니, 나는 저걸 주겠다. 당신은 내가 원하는 걸 주지 않으니, 나는 당신이 원하는 걸 주지 않겠다. 당신은 천국에 가고 싶어 하지만, 내가 원하는 걸 주지 않으면 갈 수 없다.

인류가 첫 단추를 끼웠던 방식이 대충 이렇다. 아마도 극히 간결한 진술방식이지만, 기본적으로 그렇다.

그런데 문제는 그게 원래 그런 방식이 아니라는 점이다.

만약 신이 세상에 오직 하나의 메시지만 보낼 수 있고, 그것을 한 문장으로 줄여야 했다면, 내 생각에 그 한 문장은 다음과 같을 것이다.

너희는 나를 완전히 오해했다.

그리고 세상이 참으로 그것을 신의 말씀으로 믿는다면 그 문장은 기적을 일으킬 텐데, 왜냐하면 그것은 신에 관한, 신이 원하는 것에 관한 폭넓은 검토를 다시 가능하게 할 것이기 때문이다. 모든 사람이 종결되었다고 생각했던 토론에 다시 관심을 기울일 것이다. 그것은 인류에게 유익해질 수밖에 없다. 모든 다른 지식체계처럼 신학도 다시 확장될 수 있다.

인간의 신학을 확장하는 가장 빠른 방법은 마음을 확장하는 것이다. 아래의 두 가지 기본적인 신학상의 질문을 한 다음, 그 질문에 대담하게 '~라면 어찌 될까?'라는 의문을 뒤따르게 함으로써 이 과정을 시작할 수 있다.

1. 신은 누구며 무엇인가?
2. 신이 무엇을 원하고, 왜 원하는가?

이제 인류가 이 질문에 관해 수 세기 동안 들어온 표준 답안이 불완전하다면 어찌 될까? 그 답이 부정확하다면? 신이 누구며 무엇인지에 관한 당신 생각이 사실이 아니라면? 신이 원한다고 당신이 생각했던 것을 신이 원하지 않는다면 어찌 될까?

신학상의 이 두 가지 기본적인 질문에 관한 답은 당신들에게 늘 제공되어왔다. 이제 그 답안을 신중하게 재검토하도록 당신에게 권유한다.

1. 신은 삶이고, 삶의 모든 것이다.
2. 신은 아무것도 원하지 않는다. 자신이 어쩌면 원했을지도 모르는 모든 것이 있고, 모든 것이기 때문이다.

이런 답변을 제시하는 것이 **합일신학**이지만, 분리신학은 절대 그렇게 할 수 없다. 분리신학에서 합일신학으로 인류 의식의 변혁은 바로 지금 엄청나게 이로운 것으로 입증될 것이다. 그런 변혁은 분리가 가져올 수 있는 결과를 끝장낼 것이다.

❄❄❄❄❄

만약 신이 모든 것이고,
모든 것을 지니고 있고,
모든 것을 창조했다면,
신 이외에 무엇이 있겠는가?

❄❄❄❄❄

19.

전체로서 인류가 합일신학으로 변혁되지 않았던 까닭은 인류 다수가 이 합일신학이 신이 원하는 것이 아니라고 철석같이 믿어왔기 때문이다.

인간존재가 신과 하나라거나 인류가 서로 하나라는 이야기는 경솔한 '뉴에이지'라고 하거나 현실과 동떨어졌다고 치부되었다. 심지어 배교背教라고 하는 이도 있었다.

인류가 신에 관해 배웠던 것은 신은 인류와 분리되어 있다고 한다. 인류의 현재 상태는 신과 합일하기에는 어울리지 않기 때문에, 신은 분리를 원한다. 그런 것이 가르침이며 메시지다.

신은 완벽하고 인류는 완벽하지 못하니, 완벽은 완벽하지 못함과 합일될 수 없다. 이런 것이 대부분의 인간 신학의 필수 요소다.

그래서 완벽하지 못함은 완벽해질 방도를 찾아야 한다. 그러나 인간 형상으로는 완벽해질 수 없기에 그런 방도는 발견될 수 없다. 일부 종교는 심지어 인간은 완벽하지 못한 상태로 태어나며, 그런 문제를 계속 안고 간다고 가르친다. 다른 신앙에서는 인간은 흠 없이 태어났지만, 흠 없는 상태를 유지하는 것이 임무라고 가르친다. 모든 종교는 인생 여정에서 인간존재를 집어삼키려는 유혹이 있다는 점에 동의한다. 그래서 대부분 사람에게 완벽은 사실 그림의 떡이다.

그럼에도, 인간은 노력하고 진력해야 한다. 그리고 인간이 완벽을 향해 진력하면 신은 그 노고에 은총이라는 궁극의 행위로 보상해서, 다시 한 번 완벽하지 못한 완벽을 하사할 것이다. 그리하여, 천국에서 신과 재결합할 수 있다.

이것은 또 하나의 단순화이지만, 대부분의 종교 교리를 요약한 것에 아주 가깝다.

그래서 이분법이 있어 보인다. 신은 인간이 신에게서 분리되기를 원하고, 정말 인간을 분리되게 했다. 그러나 신이 원하는 바는 인간이 신에게서 분리되지 않는 것이기에, 신은 인간에게 '귀향길'을 주었다.

음~~~.

이제 물을 수 없는 것을 물어봐야겠다.

이것이 신이 원하는 것인가?

대답은 '아니요'다.

이 답은 모든 것을 바꾼다. 이것으로 말미암아 인간적인 사고방식에 분별의 칼날을 새로 예리하게 갈아서, 혼란을 뚫고 나아가는 것이 다시 가능해진다.

신은 인간이나 기타 어떤 것과도 하나됨Oneness을 원하지 않는다. 신은 일체성Oneness이니, 이미 체험하고 있는 것을 원하지 않는다.

인간존재는 신 그리고 타인과 하나됨을 원한다고 주장하지만, 자신이 이미 체험하는 것을 부정한다면 자신에게 있는 것은 체험할 수 없다.

이런 점이 또 다른 불가사의, 즉 '세상 사람들이 신과 하나됨을 또는 서로 하나됨을 체험하기가 왜 그리 어려웠을까?'에 관한 답이다.

당신이 표현하고 싶지 않은 것을 경험할 수 없다. 이미 있는 곳으로 갈 수는 없다. 있는 곳에서 떠나는 행위는 자신이 가고 싶던 바로 그곳에 있다는 사실을 부정한다. 이런 믿음을 고려하면, 당신은 '가려는 곳'이 '있는 곳'임을 경험할 수 없다. 당신 삶은 끝없는 여행이 되고, 어디에도 다다르지 못하는 여행이 되며, 끝없는 탐구가 될 것이다. 이미 되어 있는 것을 찾아가고 있다.

머리 위의 안경을 찾는다면 당신은 그것을 찾아내지 못할 것이다. 거울을 들여다볼 때에만 찾던 것을 찾아낼 것이다.

지금까지 인류는 거울을 들여다보는 데 그리 유능하지 않았다. 자기성찰은 인류의 전문 분야가 아니다. 여기까지 읽었으면, 당신은 자신이 예외임을 입증한 셈이다.

왜 인간은 일체성을 부정할까? 일체성과 동일성을 혼동했기 때문이다. 한 손에 붙어 있더라도 똑같은 손가락이 없음을 우리는 이해하지 않았다.

개체성을 잃고, 자신의 정체성이 사라질까 봐 지독히 두려웠던 인간존재는 서로에게서, 삶의 모든 것에서, 신에게서 분리되었다는 환상에 끈질기게 매달려왔다. 특히 신에게서 분리되었다는 환상에. 왜냐하면, 만약 인류가 신에게서 분리되지 않았다면 사람들은 자신의 개별적인 정체성을 잃어버리는 것에 두려움이 없을 뿐만 아니라, 신과 하나됨은 전체적으로 새로운 행동방식과 존재방식을 제공해주기도 할 터인데, 종교는 한심하게도 그 방식을 인간에게 준비되지 않게끔 했기 때문이다.

그러나 사랑하려고 준비할 필요가 없다. 사랑은 당신의 존재 자체여서, 사랑하기가 아주 자연스럽다. 오히려 사랑하기를 자제하기가 어렵다. 삶에서 모든 이, 모든 것에 관한 사랑은 그 대상에 관한 두려움이 사라지면 손쉽게 된다. 그리고 누군가나 뭔가에 관한 두려움은 당신이 그 대상에게서 어떤 것도 필요하지 않다는 걸 깨달을 때 사라진다. 당신 외부의 누군가나 어떤 것에서 당신이 얻어낼 필요가 있다고 생각한 모든 것이 당신 내면에 있기 때문이다.

이제 순환은 그 자체로 완결되고 당신은 완전해진다. 이제 당신은 내면에서 발견한 것을, 자신이 아직도 완전하다는 것을 모르는 다른 이에게 줄 수 있다.

다른 이들이 사랑스럽다는 것을 자신들에게 보여주는 것이, 완전함을 발견하고 자신의 내면에 있는 사랑을 찾아내도록 돕는 가장 빠른 길이다. 다른 이를 사랑할 때 당신은 사실상 그들을 자신으로 되돌려주는 셈이다.

결국, 존재하는 감정은 사랑과 두려움뿐이다. 삶은 그 둘 중에서 택일할 기회를 삶이라는 맥락 속에서 끊임없이 제공하고 있다.

사랑은 궁극적인 자기발현이며, 자기발현은 당신이 여기에 있는 이유이기에, 사랑은 당신이 매 순간 추구하는 감정이다. 사랑을 드러내는 형태는 다양하지만, 그 양은 오직 같다. 당신은 정도에 따라 사랑할 수 없지만, 여러 방식으로 사랑할 수 있다. 효Filial는 가족에게 느끼는 사랑이고, 우애Agape는 친구에게 느끼는 사랑이며,

성애Eros는 연인에게 느끼는 사랑이다. 결국, 그것은 모두 다르게 표현된 사랑일 뿐이다.

이제 왜 우리가 개체의 정체성을 잃는 것을 두려워하는지 심오한 이해에 이르렀다. 만일 개체성을 잃는다면, 누가 사랑할 것인가?

이것이 우리가 궁극적으로 잃어버리기를 겁내는 사랑하는 능력이다. 사랑하는 능력을 잃어버린다는 것은 당신이 '진정한 자기'가 될 능력과 체험할 능력을 잃어버리는 것을 뜻하기 때문이다. 자아는 사랑이고, 사랑을 알기 때문에 이런 것은 결과적으로 자아를 상실한 것처럼 느껴진다. 그러나 당신은 사랑과 하나여서 설사 사랑 이외의 모든 것과 모든 이가 없어지더라도 사랑을 느낄 수 있기에, 당신은 자아 또는 사랑의 상실을 절대 두려워할 필요가 없다. 어쩌면 더 많은 사랑을 느낄지도.

대부분의 신비체험이 홀로 있을 때 일어나는 것은 우연이 아니다. 하나됨과 홀로 있음이 종종 짝이 되는 것은 우연이 아니다. 흥미롭게도 '이미already'라는 단어가 '모두 준비된all ready'의 영어 축약형인 것처럼 '홀로alone'라는 단어가 '모두 하나인all one'의 축약형인 것으로 밝혀진다면 흥미롭지 않은가?

당신은 그런 것에 모두 준비되었는가all ready, 아니면 그것을 이미already 알았는가?

당신은 사랑과 어떤 식으로든 분리될 수 없다. 사랑은 신의 실상이며, 현재 당신은 신과 분리되어 있지 않고, 과거에도 분리되지 않았으며, 미래에도 분리되지 않을 것이기에.

이런 점은 많은 이가 믿기에는 너무나 힘겹다. 오늘날의 종교가 정반대로 가르치기 때문이다. 종교는 우리가 신에게서 분리되어 있었으며 영원히 분리될 수도 있다는 두려움을 우리에게 주입한다. 그러나 언젠가는 종교도 더는 그런 것을 가르치지 않을 것이다. 언젠가, 어쩌면 아주 가까운 장래에, 1889년 찰스Charles와 머틀 필모어Myrtle Fillmore가 세운 '연합 교회'the Unity Church처럼, 모든 종교는 신과 인간이 하나며, 정말로 모든 생명이 하나임을 이야기할 것이다.

연합 교회는 훌륭한 영성운동이지만 세계 주요종교에 낄 만한 규모에 결코 이르지는 못했다. 왜 그런가? 대다수 인간은 분리의 신앙을 포기하려고 하지 않았기 때문이다. 아이러니하게도, 오늘날까지도 인간의 마음을 가장 매료시키는 것은(또 가장 두렵게 하는 것은) 분리의 관념이다. 그래서 우리는 자신이 믿는 것을 두려워한다. 하지만, 이 책의 메시지는 분리는 없고, 있을 수도 없다고 말한다. 분리는 절대 삶의 모습이 아니며, 언제나 환상이다. 언제나.

삶은 존재하는 단 하나, 즉 신이라고 불러도 되는 삶 자체에 관한 통합된 표현이다. 합일을 향한 우리의 끊임없는 갈망은, 영혼의 가장 내밀한 앎을 외부 세상으로 발현하는 것이다. 즉 우리는 모든 것과 그리고 삶 자체와 하나며, 항상 그것을 체험하려 한다. 매일, 매시, 매 순간 당신이 하는 일이 바로 이것이다. 인생을 살아감으로써, 내면의 명命을 발현함으로써, 기쁨을 주는 삶을 찬양함으로써 당신은 그렇게 하고 있다.

　무언가 멋진 일을 해낼 때, 위기에 대처하여 장애물을 극복할 때, 자신이 생각하기에 이제껏 한 것보다 더 사랑할 때마다 당신은 기쁨을 느낀다. 기쁨은 사랑이요 삶이요 신이기 때문이며, 당신 존재의 심층에서 이것을 느껴 알기 때문에 이런 점이 당신이 찾는 것이고 추구하는 것이다.

　당신은 신을 찾는데, 신은 당신 가까이 있다. 이것을 모른다면 헛된 탐색만 하게 될 것이다. 궁극적으로는 거울을 들여다볼 때라야 당신이 추구하는 것을 최대한으로 발견하게 되리라.

　이 책은 글로 작성된 거울이다. 당신은 자기 자신을 보도록 이 책을 당신 앞으로 가져온 것이다.

　더 깊숙이 보라. 이 책은 당신에게 직접 말을 걸고 있다.

20.

인간의 이력을 들추어 보면, '원하는 것이 없는' 신을 상상하기가 어려우리라. 우리는 신이 인간에게 뭔가 원하는 게 있다는 믿음에 주입되고 길들어져, 신이 아무것도 원하지 않는다는 생각을 품기가 거의 불가능하다. 그러나 신이 아닌 것은 아무것도 없으니, 신이 원할 만한 것이 전혀 없을 가능성도 고려해보라.

신이 모든 것이고, 모든 것을 지니고 있고, 모든 걸 창조할 수 있고, 모든 것을 창조해왔다면 신 외에 무엇이 있는가?

전체의 전부요, 알파요 오메가며, 시작이요 끝이며, 부동의 동인이고, 전지전능, 만유편재, 지고지성의 존재라면, 신이 원하거나 필요한 게 무엇이 남아 있을까?

'아무것도 없다.'라는 답에 이른다. 어느 방식으로 살피든, 어떻게 주물러 봐도 아무것도 없다는 답에 이른다.

이것이 믿어지지 않는 신에 관한 진실이다. 가르쳐진 적이 없는 신에 관한 진실이다.

다시 한 번 이 진실을 숙고하도록 권유한다. 내포된 뜻을 깊이 생각해보라.

신은 아무것도 원하지 않는다.

이것을 가르치면 세상이 변할 것이기에 이 진리는 가르쳐진 적이 없다. 신은 모든 것이 아니고, 자기가 아닌 것에서 분리되어 있다는 신에 관한 관념만이 인류가 만든 세상을 정당화하거나 설명할 수 있다.

만일 사람들이 현재 모습대로 세상이 지탱하기를 바라고 바꾸기를 바라지 않는다면, 그 구성원들은 일체와 하나 된, 어떤 것과도 분리되지 않은, 아무것도 필요로 하지 않는 신에 관한 가르침을 절대 묵인하지 않을 것이다. 게다가 그들은 이런 가르침에 끝까지 싸울 것인데, 만에 하나라도 **통합된 완전한 신**이 받아들여지는 날에는, 그네들 세상과 그 안에 구축해온 힘이 어떻게든 끝장나게 될 것임을 그들이 알기 때문이다.

그래서 당신은 후손들에게 그들이 어릴 적부터 회유하고 달래고 진정시키고 복종해야만 하는 **분리의 신, 필요의 신**을 어쩔 수 없이 가르치고 싶어질 것이다.

당신은 순진한 아이들에게 신은 불복종하는 인간을 마음에 들어 하지 않으며, 그 결과로 인간을 멀리하는 신을 가르치도록 요구받을 것이다.

인간을 낙원 밖으로 내팽개치고 지금까지 돌아가는 길을 찾게 한 신을 가르치도록 요청받을 것이다.

혹여 당신이 원죄를 가르치지 않는다 해도 죄를 짓고 사는 위험성, 신이 원하는 것과 일치하지 않는 삶을 살아가는 위험성을 가르칠 것이다. 욕구가 반드시 충족돼야 하는 신은 만사를 특정 방식이 되도록 **명령하는데**, 그렇게 하지 않는다면 신은 인간에게 그와 하나 되는 체험을 절대 허용하지 않는다고 가르칠 것이다.

이런 것과 다른 어떤 이야기도, 특히 신은 아무것도 원하는 게 없다는 이야기는 확실히 배교로 여겨질 것이다.

그런데도 당신이 이야기를 바꾼다면, 신은 인간을 포함한 모든 것과 하나이니 아무것도 원하지 않는다고 알리기 시작한다면, 그리고 아이들에게 그로 말미암아 파생되는 효과를 온화하고 슬기롭게 말한다면, 한 세대 안에 인간 문화를 바꿀 수 있을 것이고, 그러면 인간 경험을 영원히 바꿀 수 있다.

새 문화는 하나됨과 합일의 문화가 될 것이며 현재의 분리 문화를 대체할 것이다. 합일의 문화에서 신은 아무것도 원하지 않을 뿐만 아니라, 인간 또한 그렇게 될 것이다. 인류가 자신을 하나로 보고, 온 인류가 이용 가능한 모든 자원을 결합한다면, 결핍과 고통을 끝내기에 충분하고도 남기 때문이다.

그러나 인류가 이야기를 바꾸기는 쉽지 않을 것이다. 그건 신에 관한 큰 실수가 있었다는 사실을 인정한다는 의미기 때문이다. 다수 인간존재가 실수를 인정하기 꺼린다. 특히 그것이 사회 전반에 기반을 둔 실수라고 한다면. 실수를 인정하고 사회를 재구성하기보다 실수를 무시하기가 쉬워 보인다. 그 사회가 실수 그 자체에 의해 붕괴하여 어떻게든 재구성되어야 할 때까지는.

이런 일이 바로 지금 벌어지고 있다.

우리가 알아온 인간사회는 서서히 붕괴하고 있다. 우리 눈앞에서 조금씩 허물어지고 있다. 우리에게 해를 끼치려는 자들이나, 우리를 해하려는 자를 막으려는 자들에 의해 허물어지고 있다. 그리고 단순하게 고착되어 일어나는 일을 그냥 일어나게 방임하며, 한때 일반적이던 문화의 가치를 좌절·낙담·절망의 문화로 바꿈으로써 혼란을 더하고 있는 사회의 대집단에 의해 뜻하지 않게 허물어지고 있다.

비록 우리가 짧은 기간에는 크게 달라짐을 느낄 수 없을지라도 긴 시간 단위로 뒤돌아보면 즉각 그 충격을 알게 된다. 10년 전에 알았던 삶은 이제 존재하지 않음을 우리는 알고 인정한다. 우리가 알았던 20년 전의 삶은 꿈이다. 그리고 우리가 알았던 50년 전의 삶도 공상이다.

혼자 밤길을 걷는데 완벽히 안심하는가? 공상에서나 가능하다. 옷을 반쯤 벗지 않고도 공항을 통과하여 비행기를 탈 수 있을까? 공상이다. 도시 뒤편 강에서 오염 걱정 없이 헤엄칠 수 있을까? 공상이다. 나라의 중추가 되는 대기업들을 완전히 신뢰할 수 있을까? 공상이다. 누가 살해되었다는 소식 없이 텔레비전을 일주일 꼬박 시청할 수 있을까? 공상이다.

이런 현상의 표면만을 보는 것은 대부분 사람이 중시하는 판단을 바꾸지 못했다. 사람들은 자신이 바라보고 있는 것을 제대로 살피지 않고 있다. 그래서 신과 삶에 관한 가장 기초적인 신앙이 자신을 죽인다 해도 그 신앙을 영광과 평화와 행복으로 가는 길이라고 여전히 고수한다. 심지어 온 사방의 삶이 망가질 정도가 되어도, 원인일지도 모르는 그것을 보거나 인정하려 들지 않는다.

올바르고 싶은 인간존재의 경향이 인간종의 빠른 진화를 막는다. 인간은 수백만 년 동안 지상을 걸어 다녔지만, 그동안 많은 이가 자신의 원시적 행위를 넘어 진화하지 못했다.

여기서 지적했듯이, 인류는 과거에 직면했던 문제를 오늘날 여전히 직면하고 있다. 문제는 더 커지고, 우리가 진화하는 사회라고 기대했던 모습과는 정반대 방향으로 걸어왔다. 여기서 숫자나 통계 자료를 더 살펴볼 필요도 없이, 일반적인 것만 살펴보자.

탐욕과 권력 남용의 문제, 가난과 기아와 질병의 문제, 못 가진 자와 궁핍한 자, 절망적인 자와 무력한 자, 배고프고 굶주린 자의 문제는 사라지지 않았다. 문제가 줄어들기는커녕 늘어났다.

빈부격차로 생긴 권리 박탈과 끓어오르는 분노의 문제는 없어지지 않았다. 사실 인간 사회는 그 격차를 줄이기는커녕 큰 폭으로 늘여왔다.

무고한 이들을 폭행하거나 대량 학살하는 문제는 줄어들지 않았다. 오히려 세상 곳곳으로, 모든 연령대로 확산했다. 심지어 이제는 어린이들마저도 살인한다. 열세 살의 어린이들이 가자 지구의 검문소에서 폭탄을 안고 자폭한다. 시카고에서는 일곱 살짜리가 세 살배기를 창문 밖으로 밀어버린다.

이 모든 것에 대하여 꽤 많은 이야기를 했으니 현 상태에 관한 마무리 설명을 해보자. 진실로 이 행성은 참으로 문명화된 사회가 허용하거나 견딜 수 있는 수준을 넘어서는 고통이 많으며, 더군다나 그것을 만들어 내기까지 한다. 풍요보다는 결핍, 사랑보다는 두려움, 평화보다는 불안, 관심보다는 무관심이 더 많다. 그렇지 않았다면, 문제는 사라졌을 것이다.

많은 이에게 인류는 진보하고 있는 것이 아니라 실로 퇴보하고 있는 것처럼 보인다. 우리가 **퇴화**하고 있다고 말하는 사람들도 있다. 그들은 매사가 나아지지 않고 나빠지며, 쉬워지지 않고 어려워지며, 진보로 통용되는 것이 인류의 부조리한 진실을 숨긴다고 말한다.

오늘날 차로 도시를 횡단하는 것이 150년 전 말과 이륜마차로 횡단하는 것보다 시간이 더 걸린다는 의미심장한 우스개가 있다. 우편 서비스가 조랑말 편에 소포를 보내는 것보다 시간이 더 걸린다. 돈도 더 들고. 돈은 더 내고 얻는 것은 더 적은데, 이것을 질 높은 삶이라 한다.

그러나 지금 인류는, 삶 자체에 관한 이해가 진보하지 않는 탓에 목숨을 담보하고 있는데, 이는 이해의 부족으로 말미암아 삶 자체가 멸종위기에 처해 있고, 또 너무나 많은 경우에 삶이 종말로 치닫고 있기에 그러하다.

인류는 이제 우리가 알라·브라마·신·야훼·여호와·주主 또 지고의 존재, 실재, 전부인 자, 유일자로 불렀던 생명을 불어넣는 존재와 삶을 새롭게 이해해야 한다. 이런 것이 이제는 편의를 위한 일이 아니라 생존의 문제다.

우리가 기술 발달에 걸맞게 사회 문제에서도 충분히 진보하지 못했다면, 전에도 말했듯이 사회를 세우는 모델로 우리는 **함께하는** 권력보다 **지배하는** 권력을 여전히 고집하기 때문이다. 아직도 우리는 공유와 접근성보다 자원·자재·재화·용역에 관한 소유권과 지배력을 기본적인 경제·사회적 모델로 쓴다. 곧 민주주의도 그런 모델이 될 것이다.

못 믿겠는가? 이걸 봐라. 2004년 9월의 홍콩 선거에서 국회의원 절반이 '비개인non-human 투표'로 선출되었다.

뭐라고?

비개인 투표라고 했다.

내가 꾸며낸 이야기라 생각하는가? 조지 오웰이나 로버트 하인라인 같은 과학 소설가라면 몰라도, 나는 이렇게 꾸며낼 줄 모른다. 나는 공상과학 소설가가 아니고 진실을 말할 뿐이다.

나는 지금 홍콩에 비개인 투표가 있다는 걸 말하고 있다. 홍콩 정부는 회사가 투표하는 것을 인정한다. 회사나 교직자와 같은 특정 이익단체가 자기네 대리인을 입법부에 앉히고 의석의 반을 차지한다!

나는 지난번 홍콩의 국회의원 선거 직후 그곳을 방문했다가 주민에게 들었는데, 영리기업의 성공으로 말미암아 홍콩이 존재하며 정치적인 실체로서 그 존재가 있기 때문에 이것이 정당화된다고 한다. 논란의 여지가 있지만, 홍콩은 세계 최고의 상업과 기업지향적인 지역이어서 그곳의 경제를 일으키는 회사들은 중국의 특별자치구에 절대적으로 필요하기에, 선거권을 부여받고 입법부의 의석을 차지한다!

이 비개인 투표의 개념이 세계로 퍼져 나가는데 얼마나 걸릴 것 같은가? 내기라도 하고 싶은가?

이 매혹적이고 초현실적인 미래 세계의 자치구조 결과를 보자면, 자치는 전혀 존재하지 않고 실제로는 사람들에게서 권한을 낚아채, 이제는 이전보다 더 구체적인 조항으로 재벌들에게 권력을 준다. 이전에는 대기업들이 단순히 선거를 **조종했지만**, 이제 그들은 실제로 투표권도 행사한다!

이것은 미국 의회 의석의 절반과 의회 투표권의 절반을 특정 이익 단체에 주는 격이 될 것이다. (물론 단지 대리 자격으로 그렇게 할 뿐이라고 말하는 사람도 있다. 만약 우리가 선거에서 의회 의석 바로 앞에서 실질적인 투표권을 준다면 좀 더 정직할 것이다. 이제 나는 "코네티컷 주 의원께서 엔론사 의원께 질의하시겠습니까?"라는 토론소리를 듣는 듯하다.)

물론, 이러한 시스템은 소수 특권층이 점점 더 원하는 것을 손에 넣게 되리라는 점을 의미한다. 그리고 인간들이(실재적이거나 상상에 의해서) 원하는 걸 얻지 못하거나 위협을 느낀다면, 그 문제를 해결하기 위해 폭력을 쓸 것이다.

과거에 폭력은 소규모로 파괴했지만, 기술이 발달함에 따라 막대한 규모로 파괴하는 법을 알았다. 이제 우리는 누구에게나 피해를 줄 수 있다.

과거에 우리는 최후의 수단으로 폭력을 썼다. 이제는 당당한 도덕적 정당성으로 폭력을 최초의 수단으로 쓴다. 이것을 '부자에게서 빼앗아 가난한 자에게 주기', '정당한 전쟁', '성전', '선제공격'이라 부른다. 우리는 나름의 명분을 세우고, 그 명분이 각자의 행위를 정당화한다.

이것이 인류가 처한 상황이며 실상이다. 결국, 오늘날 누가 세상의 심장부에 최대로 테러를 일으킬 수 있는가의 문제로 귀착된 것이다. 모든 이가 자신이 하는 일은 '옳다'고 여긴다.

사실 너무 많은 이가 아직도 행복하게 되기보다 '옳게' 되는 것이 더 중요하다고 여기며, 개인적으로나 집단적으로나 그런 선택을 여러 차례 반복해왔다. 많은 이가 올바름이 신이 원하는 것이라 철석같이 믿어서 그렇게 했다. 그러나 만일 그들이 그런 점에서 옳지 않다면 어찌 될까?

21.

우리는 혼란에서 빠져나올 수 있고 방법도 있다. **혼란으로 빠져들게 한 바로 그 방법을 써야 한다.**

인류의 집단 현실(괜찮다면 문화 이야기)은 3단계 과정으로 길고 긴 시대 동안 형성되어 왔다. 이 과정은 오늘날에 이르기까지 계속된다. 그것은 다음의 모습을 취한다.

1. 사람들이 사실로 널리 받아들인 정보, 즉 신과 신이 원하는 것에 관한 **정보**가 연장자에게서 주어진다.
2. 이런 정보는 삶이 어떤 방식이 '되어야' 하는지 뿐만 아니라, 삶과 삶의 방식에 관한 **믿음**을 후원한다.
3. 이 믿음은 인류의 현실 체험을 지어내는 집단 내의 **행위**를 낳는다.

모든 것은 최초 정보에서 시작된다. '신을 믿지 않는' 사람들도 신을 믿는 자들의 신 관념에 영향을 받는다. 그 이유는 ①신을 믿지 않는 사람들보다 신을 믿는 자들이 더 많이 세계적인 일반 문화를 만들기 때문이며, ②모든 사회는 선조의 거룩한 신화와 문화 이야기에 뿌리를 둔 법과 관습 위에 세워지기 때문이다.

모든 것이 그런 최초 정보에서 시작하지만, 비록 그 정보가 큰 재난을 불러오고 있어도 그것에 의문을 제기하는 사람이 거의 없었다. 특히 가장 근본적인 가설과 믿음에 의문을 제기하려 하지 않을 뿐이다. 그래서 그 문제가 있는 바로 그 수준은 빼고 인류는 수 세기 동안 모든 수준에서 그 문제를 풀려고 노력해왔지만, 이는 오늘날까지도 계속되고 있다.

우리는 그 문제가 마치 정치적으로 해결될 수 있는 문제인양 접근한다. 그것들에 관해 이야기하고 토론회를 개최하고 그 해결책을 통과시킨다. 아무것도 바뀌지 않으면 경제적 수단으로 풀려고, 그것에 돈을 쏟아 붓거나 아니면 제재수단으로 돈을 주지 않는다. 그래도 실패하면 '이런, 군대에 맡길 문제로군.'이라고 하면서, 우리는 군사력으로 풀려고 한다. 드디어 그곳에 폭탄을 떨어뜨리지만, 절대 성공하지 못한다. 게다가 장기적 해결책을 찾고 있다고는 하지만, 우리가 알게 되리라 생각하는가?

아니다. 우리는 단지 사이클을 또다시 시작할 뿐이다.

우리가 '다람쥐 쳇바퀴 돌듯' 계속 달리면서도 아무 곳에도 이르지 못하는 이유는, 숙명적으로 견뎌야 하는 듯 보이는 현재 진행 중인 상태의 원인을 누구도 감히 조사하지 않기 때문이다. 진짜로 모르든 받아들이기 어렵든 간에, 오늘날 가장 큰 문제는 정치 문제도, 경제 문제도, 군사력 문제도 아니다.

오늘날 인류가 직면한 문제는 영적 문제다.

이것을 이해하면 해결책은 분명해지지만, 이해하지 못하면 해결책은 모두를 비켜갈 것이다.

믿음이 행위를 낳는다. 그래서 이는 행위의 수준이 아니라, 행위를 가장 심오하게 변화시킬 수 있는 믿음의 수준에서 다뤄야 한다. 수십 년 동안 우리는 **행동 개조**에 관해 심리 영역에서 논해왔다. 하지만, 우리가 진정 논해야 할 영역은 **믿음 개조**다.

아, 이런 또 시작이군. 조심하라. 우리는 지금 사람들의 토대인 가장 성스런 부분을 논하고 있다. 많은 이가 믿음을 바꾸기보다는 믿음을 위해 죽거나 아니면 타인을 죽이거나 할 것이다.

그 믿음이 잘 기능하는가 아닌가는 중요하지 않다. 즉, 사람을 행복하게 만들고 더 나은 삶을 낳는다는 의미에서 그 믿음이 작동하는가는 중요하지 않다. 자기 믿음과 다른 것을 함으로서 행복하기보다는 자기가 믿는 것을 함으로서 불행한 쪽을 택한다. 불행한데도 실제로 행복해한다. 이런 관습에 따르면, 전에도 지적했듯이 고통이 미덕이다.

무엇이 이 믿기 어려운 시나리오를 가능케 하는가? 아주 간단하다. 사람들은 자신이 불행해도 괜찮고, 심지어 자기가 신이 원하는 것을 하고 있다고 여긴다면, 폭탄을 가슴팍에 묶거나 비행기 조종실에 설치하고는 기꺼이 자폭한다.

물론 그들은 그렇게 생각하고, 그들은 신에 관해 잘못된 믿음을 품은 많은 사람 중의 일부다.

그런 믿음에 의한 문제는(그리고 누구도 큰 소리로 말하고 싶지 않지만, 반드시 언급해야 할 점은) **대립의 해결 수단으로 폭력 행사를 신이 묵인한다고 여기는 사람들** 때문이다.

사실, 많은 신앙인이 자신들의 행동에 관해 도덕적 권위를 도출해내는 곳이 바로 성서, 코란, 바가바드 기타, 모르몬경, 기타 경전에 적힌 이야기들이다. 또 온갖 문화의 어린 학생들이 진노하는 신에 관해 배우는 곳이기도 하다.

물론 신의 진노라는 것은 없다. 인류의 잘못된 믿음 가운데 하나다. 그런데도 다수 인간은 그런 것이 있다고 생각한다. 그들은 또한 신이 우리에게 하는 방식대로 우리도 서로 간에 행동해도 된다고 여긴다. 결국, 우리가 신을 모범으로 삼지 않는다면, 누구를 모범으로 삼는단 말인가?

22.

 인간존재가 신·삶·서로에 관한 가장 근본적인 믿음을 바꾼다면, 우리가 서로에게 폭력을 행사하는 세상은 전혀 가능하지도 않을 것이다. 이 점을 이 책에서는 거듭 강조하고 있다. 우리는 신과 분리되었고, 서로 분리되었으며, 분리 속에서 살아가는 삶으로 믿기를 고집한다.

 분리신학은 평화도, 평화를 일궈내는 능력도 현저하게 부족한 오늘날과 같은 세상을 만들어냈다. 사람들 사이뿐만 아니라 인간의 가슴에서도. 물론, 여기가 바로 평화가 먼저 시작되어야 할 곳이요 생겨야 할 곳이다. 행위는 믿음에서 생기고, 믿음은 가슴속에 단단히 간직되어 있다. 우리는 모두 하나임을 가슴으로 믿는다면 모든 것이 바뀔 것이다. 모든 것이.

 여기서 우리의 과제이자 해야 할 일은, 사람들이 대체로 개인적으로 행동하듯이 집단적으로도 행동하게 할 방도를 찾아내는 것이다. 개인적으로, 우리는 거의 언제나 자신이 사랑하는 이에게 가장 이로운 행동을 한다. 그럼 유일하게 남는 질문은 '우리는 누구를 사랑하는가?'이다. 간단히 말해 우리의 도전은 집단의식이다.

 지금까지 우리는 집단 차원에서 협동할 수 있어 보이지 않았다. 오! 물론 노력은 했다. 우리는 연합·동맹·연맹·조합을 만들었고, 세계의 기근을 끝내는 것과 같이 아무도 반대할 수 없을 만한 의견을 중심으로 국가들을 결속시키기 위해 온 힘을 들였다. 그러나 기근을 끝낼 수 없다. 심지어 그런 일을 시작조차도 못한다. 모두에게 돌아가고도 남을 음식이 있는 행성에서 사람들이 배고파 죽는 것을 막지도 못한다.

왜 그런가? 왜?

답은 이전과 같다. 문제가 기반을 두고 있는 그 수준을 제외한 온갖 다른 수준에서 문제를 풀려 하기 때문이다.

구체적인 예를 들자면, 우리는 사람들에게 충분한 식량을 공급하는 것이 정치 문제라고 계속해서 떠들고 있지만 그렇지 않다. 경제 문제라고 주장하지만, 그것도 아니다. 심지어 세계의 어떤 지역에서는 그것을 군사 문제로 돌리려고 했다. 아니다. 이런 점에 익숙해질 때까지 우리는 계속 반복해서 이것을 말해야 한다. 이것은 **영적 문제**다. 기근 문제뿐 아니라 우리가 직면한 주요 문제들 모두. 우리의 믿음으로 그런 것을 만들어냈다.

단순한 사실은 우리는 모두 인류라 불리는 단일 공동체의 일원이라고 배운 적이 없다는 것이다. 아니면 배웠더라도, 그것이 실질적인 문제로 무엇을 의미하는지 배우지 못했고, 어떤 인류 단체도 그것이 의미하는 바를 받아들여서 그것을 진실로 기능하는 방식으로 우리의 일상에 적용하도록 권장한 적이 없었다. 그러니 말만 무성한 것이다.

다르푸르(Darfur, 수단 공화국 서부의 주: 역주)에서 대량학살이 자행되자, 우리는 쯧쯧거리며 머리를 흔들고는 세상이 어찌 되려고 저러는지 궁금해한다. 우리 가족이라면 굶주리거나 집단학살로 죽게끔 내버려 두겠는가? 물론 그러지 않으리라. 막기 위해 무엇이 든지 할 것이다. 고로 문제는 명백하다. 우리는 다르푸르 사람들을 우리 가족의 구성원으로 여기지 않는다.

그러나 우리는 피해자를 가해하는 쪽이 우리 편이 아닐 때에야 피해자를 우리 가족으로 본다. 2004년 12월 26일 인도네시아 수마트라 해변의 강도 9.0의 지진에 관한 인류의 반응을 보자. 지진으로 말미암은 쓰나미로 175,000명 이상의 주민이 목숨을 잃었고, 거의 200만 명의 주민이 집을 잃었다. 그러나 그 직후 우리는 재빨리 모여서 밤새 거액의 돈을 모금하고, 굶주린 자와 부상자에게 음식과 의약품을 제공했고, 고통을 덜기 위해 신속히 할 수 있는 일을 다 했다.

그런데 75,000명 이상이 질병과 굶주림과 폭행으로 죽었고, 200만 명이 굶주리고 집을 잃었던 다르푸르에 관한 반응은 왜 그렇게 미약했을까? 인간이 서로 손상하고 있을 때, 우리는 자신을 마치 범죄통제기구인양 거기에서 분리된 것으로 보기 때문일까?

우리가 분리를 받아들인 이유가 무엇이건 간에, 분리신학은 인류를 자신에게서 분리했고 정말로 삶의 모든 것과 분리했다. 신을 분리된 존재로 믿기 때문에, 우리는 삶이 우리를 **통해서**가 아니라 우리**에게** 일어나는 것으로 믿는다. 다르푸르와 2004년 쓰나미의 경우를 보고도, 우리는 어떤 수준에서 이런 일을 어떻게 일으키고 있는지 모른다.

그런 일이 일어나게 하는 원인이 바로 우리의 의식이다. 우리의 분리 의식이 그런 일을 발생하게 하고 있다. 잘 생각해보면 우리가 다르푸르 경험과 연결되어 있다는 것은, 인정하기에는 그리 쉽지 않을지라도 이해하기는 쉽다. 쓰나미의 경우, 여러 해에 걸친 지하 핵실험이(핵실험은 지하 내부를 찢어서 지표면 아래의 틈새를 벌려 놓았다.) 지각판의 이동을 가속했고, 수천 년간 지각판의 표류와 서로 강력한 충돌에 의해 앞당겨졌다고 볼 수 있지 않을까? 수많은 다른 방식으로 우리가 지구를 혹사했기에 추가적인 환경 재난과 도전에 점점 더 직면해온 것이 아닐까?

우리의 의식에서 비롯되는 인류의 행위·결단·선택이 지금 진행되고 있는 이 행성의 진화와 삶 자체의 과정에 과연 어떤 영향을 미칠까?

단순히 실제적인 문제를 살펴보자. 더 나은 쓰나미 경보 시스템이(또는, 이 경우 어떤 쓰나미 경보 시스템이라도) 있었다면, 2004년 12월에 수만 명의 목숨을 구할 수도 있었을 것이고, 인류가 자신을 하나로 여기고, 단지 그것을 우선사항으로 여겼다면 그런 경보 시스템이 이미 작동되고 있지 않았을까?(다른 부유한 나라와 지역들에는 이미 경보 시스템이 있다.)

그것을 우선사항으로 하지 않은 것이 어떻게 정당화될 수 있겠는가? 부국이 그런 기술을 빈국과 무료로 나누지 않는 것이 어떻게 합리화될 수 있단 말인가? 물론 그럴 수 없다. 그래서 이제, 수백만의 죽음을 보고 공포에 싸여, 양심의 가책을 느낀 나머지 세계의 부국은 자국의 해변뿐 아니라 세계 다른 나라에도 조기 경보 시스템을 설치하도록 달려들고 있다. 어쩌면 좀 늦긴 했지만, 그런 생각을 전혀 하지 않는 것보다는, 더디더라도 '우리는 모두 하나'

라는 생각을 하는 것이 낫다.

맥 빠진다. 그렇지 않은가? 우리가 저지른 것도 아니며, 우리가 손을 쓸 수도 없는 문제에 너무 시달렸기에, 읽기만 해도 맥이 빠진다.

그러나 우리가 할 수 있는 것이 **있다**. 이것이 중요하다.

우리는 신과 삶에 관한 가장 근본적인 믿음을 딱 부러지고 정직하게 살필 수 있고, 다수의 믿음이 더는 작동하지 않음을 인정할 수 있다. 다수의 믿음이 전혀 작동하지 않았음을 인정할 수 있다. 그러면 우리는 믿음을 바꿀 수 있다. 그리하여 다른 이도 믿음을 바꾸도록 도울 수 있다. 이런 식으로 우리는 인류의 의식을 끌어올릴 수 있다.

우리는 이것을 할 수 있다! 할 수 있다.

수천 년간 인간은 신에게 우리와 다른 의도가 있다고 주장했다. 이것은 우리의 삶에 관한 책임을 타인에게 전가하게 한다. 더욱 편리하게도 사람들은 신의 의도를 섬겨야 한다고 주장하며, 그러고 나서 그들은 신의 의도를 자신이 바라는 대로 규정하는 권한을 자신에게 부여한다.(세계무대에서 이런 일을 하는 어떤 인물들을 주목해 본 적이 있는가?) 그들은 신과 신이 원하는 것에 관한 자신의 믿음에 따라 그렇게 한다.

그 두드러진 예를 들자면, 두 명의 지도자는 각자 신이 자기편이라고 주장하면서 사람들을 전쟁으로 내몰 수 있다.

사람들이 행동 기준을 세우기 위해 신의 관심사라고 주장하는 것보다 차라리 인류의 관심사에 치중한다면, 놀랄 만한 결과를 이

뤄낼 것이다. 인류의 관심사는 쉽게 불분명해질 수 없고, 신과 달리 인간의 관심사는 자명하기에.

인간의 가장 큰 관심사는 삶이다. 삶은 신의 가장 큰 관심사이기도 하지만, 어떤 이는 다르다고 주장한다. 그들은 신에게 인간의 삶보다 더 위대한 관심사가 있다고 상상하고, 그리하여 그들은 아무 거리낌도 없이 목숨을 버리는 게 가능해진다. 그리하여 '우리는 신을 믿는다In God We Trust'라고 새겨진 돈(달러)으로 산 비행기를 몰고 "알라 만세!"를 외치며 건물로 돌진하고, 그 돈으로 사들인 폭탄을 무고한 민간인들의 머리 위로 투하하는 것이 가능해진다.

그러나 그 많은 인류의 신학 이론에서 나온 도덕적인 확신은 다음의 네 낱말로 된 메시지에 직면하여 결판난다.

신은 아무것도 원하지 않는다.

그래서 이 책은 위험하다.

23.

이제 여기가 이 책의 가장 위험한 지점이다. 당신은 13장이라고 위험하다고 생각했을지도 모르나, 이 장에 정말 사람들을 깜짝 놀라게 할 것이 있다. 당신이 이 장의 내용에 온통 흥분되어 일부 권력가들은 자신들의 책략이 끝장나기 시작할 것임을 알기에, 이 장을 읽기를 원하지 않을 것이다. 이제 우리는 신이 원하는 것에 관한 새로운 이해의 프리즘을 통해 앞에서 탐구했던 것과 같은 범주를 탐구해 나갈 것이다.

우리는 수 세기 동안 지구에 평화, 만물에 호의를 이룩하려고 노력해왔다. 나는 지금도 그럴 수 있다고 믿는다. 시간이 없고, 활주로가 끝나가고 있다, 그렇다. 우리의 환경은 우리가 다루는 방식대로라면 견디지 못할 것이고, 과학 기술(우리에게 핵폭탄과 생화학 무기를 포함한 대량 파괴 무기를 쓸 수 있게 했다.)은 우리의 영적 성장을 훨씬 앞질러가고 있다. 그래도 나는 낙관적이어서 우리는 영적으로 성장할 수 있다고 생각한다. 우리가 크리스마스카드에 담는 소망이 실현될 수 있다고 생각한다.

지금 우리가 그것을 이루기 위한 노력을 시작할 수 있는 두 가지 길이 있다. 하나의 길은 조직된 종교가 수 세기 동안 해온 일로서, 모두를 하나의 참된 종교로 개종시켜 종규宗規를 따르게 하는 것이다. 이 방식은 신앙을 널리 전도해서 세상을 구하는 방식인데,

세상을 구하지도 못했을뿐더러, 오히려 세상을 파괴하는 쪽으로 더 가깝게 했다.

다른 길은 인류 의식이 확장되어 신과 삶이 하나요, 삶의 모든 것이 통합된 전체의 부분이고, 여러 종교는 단지 같은 목적지를(신의 영원한 받아들임이 이미 목적지에 있으므로, 영혼이 도달하려고 기를 쓸 필요가 없는 곳이다.) 향한 서로 다른 훌륭한 길이라는 인식을 포함하는 것이다.

인간의 모든 정치·경제·사회·교육·종교적 결정의 기초로 '하나됨'이라는 원리가 쓰인다면, 현재 지구에서 삶은 숨 막힐 정도로 바뀔 것이다. 가장 큰 변화는 신이 우리에게 무언가를 원한다는 믿음을 단념하는 것일 게다.

신이 아무것도 원하지 않는다고 생각한다면 영적인 삶에서 두려움과 죄는 거의 사라질 것이다. 그러면 인간 종은 엄청나게 풍족해지리라. 마침내 새로운 신을 채택할 것이고, 그러면 인류라 불리는 공동체의 부분으로서 전 세계적인 차원뿐만 아니라 개인적 차원에서 새로운 삶을 살게 될 것이다.

어떤 변화를 목격할 수 있을까? 당신의 개인적 삶에 어떤 도약이 나타날 것인가? 삶에 관한 믿음들을, 이전과 같은 주제로 다시 한번 살펴보고, 신이 원하는 것에 관한 새로운 사고로 사물을 어떻게 다르게 관찰할 수 있는지도 살펴보자.

신

인간은 주, 알라, 브라만, 엘로힘, 하나님, 여호와, 크리슈나, 야훼라는 명칭은 존재하는 **한가지**The One Thing That Is(줄여서, **유일자** TOTTI)에 인간이 붙인 많은 이름 중의 하나임을 알게 될 것이다. 인간은 **유일자**가 존재하는 전부임을 또한 알게 될 것이다. **유일자**의 부분이 아닌 것은 없다.

유일자는 지고의 존재며, 천지의 창조자고, 생명의 수여자다. 또 **유일자**는 전지전능하고, 무소부재하다. 그리고 인간의 이해를 넘어서 지혜롭다.

유일자는 알파요 오메가고, 시작이요 끝이며, 부동의 동인이고, 인류에게서 분리된 자가 아닌 함께하는 자며, 삶에서 분리된 자가 아닌 삶과 함께하는 자이고, **창조주요 피조물**(부득이 **유일자**의 형상대로 지어진 존재)이다.

유일자는 아무것도 원하거나 필요로 하지 않는다. 어째서? 그것은 존재하는 유일한 것이므로. 따라서 **유일자**는 판사석에 앉아서 자신의 일부(즉 인간)가 자신의 전체와 재합일할 수 있나 없나를 심판하지 않는다. 왜냐하면, 어떤 부분도 분리된 적이 없고 또 그럴 수도 없으므로.

이 가르침의 결과로 어떠한 인간존재도 신, 알라, 야훼, **유일자**, 또는 전체의 전부에 붙인 어떤 이름일지라도 그 존재를 두려워하지 않게 될 것이다. 그들은 단지 굉장한 혼합체로서 신을 아주 완전히 사랑할 것이다.

다시는 사랑과 두려움을 혼동하지 않을 것이다. 사랑과 두려움은 서로 양립할 수 없고, 같은 공간에 동시에 존재할 수 없다는 것을 명확히 알 것이다. 마치 둘이 공존할 수 있고, 어떻게든 공존하는 것처럼 꾸미는 노력은, 수많은 인간을 그들이 직감적으로 아는 것과 완전히 어긋나고, 그들의 본성에 완전히 배치되는 현실을 살아가려고 애쓰는 신경증 환자로 내몰았다.

신의 말씀과 메신저

인간은 신의 말씀이 세상의 거룩한 경전 모두에서 발견됨을 이해하며, 어느 경전도 다른 경전보다 좀 더 권위 있거나 더 완전하거나 더 정확하거나 더 믿을 만한 게 아니라, 오히려 그 각각이 위대한 지혜를 담고 있고, 존재하는 유일한 진리The Only Truth There Is(유일 진리TOTTI)의 더 넓은 이해로 이끈다는 것을 이해할 것이다.

또한, 인간은 **유일 진리**를 전하는 수많은 메신저가 있음을 이해하리니, 참으로 곳곳에 살았던 모든 사람이 메신저며 그들 삶이 바로 그들의 메시지임을 이해할 것이다. 삶이란 삶 자체의 발현을 통해서 삶이 삶에 관해 알려지는 과정이기 때문이다. 삶은 삶을 통해 삶에 관해 삶을 말한다. **유일 진리**란 삶이, 삶 자체가 무엇인지 보여주는 것이다. 만인이 메신저인 동시에 메시지다.

이 새로운 가르침의 결과로 인간존재는 어느 경전이 올바르고, 누가 바른 메신저인지 알아내려는 노력을 그만두게 되고, 단지 어느 경전과 어느 메신저가 신성과 자신과의 관계를 표현하고 체험할 수 있게 하며, 삶의 위대한 놀라움과 신비를 이해할 수 있게 하는 방식을 설파하는지 자세히 고찰할 것이다. 인간은 또한 자신에게 감동을 준 그 메신저와 경전이 유일한 귀의처라고 남에게 이해시키려 하는 짓을 그만둘 것이다.

이런 상황이라면 특정 경전이나 메신저의 이름으로 벌이는 전쟁이나 살육은 정당화되지 못하고, 거의 사라지게 될 것이다.

천국과 지옥

인간은 우주가 천국에서 분리된 어떤 동떨어진 영역이 아니고, **존재하는 유일한 영역**The Only Territory There Is(TOTTI)의 부분임을 이해할 것이다. 천국은 사람이 삶의 영역 안에서 어디에 있든 언제든 도달할 수 있는 행복한 상태에서 그 영역을 여행하는 체험임을 이해할 것이다.

인간은 또한 삶이 보상과 처벌의 시스템이 아니고, 신은 누구도 지옥에 보내지 않음을 이해할 것이다.

적어도 천주교의 지도자인 교황 요한 바오로 2세는 이미 이점을 분명히 했다. 그는 1999년 6월 28일 로마 가톨릭교회의 청중들 앞에서 신학상의 놀라운 발언을 했다.

"하느님의 자애로운 사랑으로 그는 자신이 창조했던 존재를 구원하는 것 이외에는 어떤 것도 원할 수 없으므로 저주는 하느님의 계획이 될 수 없습니다." 교황은 이렇게 공표하여 세계를 놀라게 했다. 교황은 부언하기를, 영원한 저주는 결코 하느님의 계획이 아니며, 하느님의 사랑과 자비를 거부한 사람들이 스스로 부과한 처벌이라고 했다.

여기서 언급된 '저주'는 무엇인가? 소위 지옥이라고 하는 화염에 휩싸인 장소에서 영원히 불타는 고문인가? 교황은 아니라고 했다. 이어 공표하기를 지옥은 어떤 장소가 아니라, '사람이 삶과 기쁨의 근원인 신에게서 제멋대로 철저히 벗어난 후 자신이 처한 상태'라고 했다.

교황은 성서의 지옥 묘사('꺼지지 않는 불'과 '타는 불가마')는 상징과 비유라며 신중하게 해석해야 한다고 했다. 이러한 서술방식은 '신이 부재한 삶의 처절한 좌절과 공허를 가리키도록 의도된 것'이라고 교황은 말한다.

그럼 무엇이 진실인가? 어떤 인간존재가 지옥에 가는가? 교황은 "그것은 우리가 알 수 있는 것이 아니다."라고 했다.

이것은 거대한 종교 조직의 수장이 발언한 주목할 만한 진술이다. 10년 전에 이런 질문을 했다면, 이 행성의 사제·목사·랍비·율법학자들은 대부분 즉각적이고도 명백하게 "이런! 무슨 말을 더 필요하나요???"라고 반문했을 것이다. 그러나 교황에게는 이 주제에 관해 새로운 영성과 호응하는 새로운 견해가 명백히 있었다. 왜냐하면, 이러한 신사고는 인류에게 깊은 영향을 끼쳐왔던 영적

실상을 전반적으로 구성하는 신학적인 도구로서 지옥에 관한 두려움을 제거해주기 때문이다.

이 새로운 가르침의 결과로, 삶에 관한 사람들의 개념이 더는 사후의 승-패 구조에 따라 정해지지 않을 것이다. 사후에 무엇을 겪을지에 관한 새 관점을 고안해내기 시작할 것이다. 다시는 지옥행 두려움과 천국행 희망에 얽매여 그들의 삶을 구성하지 않을 것이다. 최고의 성과를 내려고 행하던 터무니없고 충격적이고 자멸적인 일을 그만둘 것이다. 다수가 행동하는 대로 행동하고, 선택하는 것에서 선택하고, 말하는 것을 말하고, 생각하는 것을 생각하는 다른 이유를 찾아낼 것이다. 그들은 세상이 탐구해왔던 도덕성의 새 표준을 만들어낼 것이다.

삶

인간은 인생이 학교가 아니며 시험 기간도 아님을 이해할 것이다. 신이 아무것도 원하지 않는다면 시험할 이유도 없다. 인간이 신과 하나라면 배울 게 없으며, 잊은 걸 기억해내는 것만이 있을 뿐이다.

또 삶은 영혼이 신에게 돌아가기 위해 투쟁하는 호된 시련이 아니라, 영혼이 성장하고 확장되어, 무한하고 신성한 본성을 체험하고자 하는 진행 과정임을 이해할 것이다. 또 진화라 불리는 이 과정은 절대 끝이 없고, 영혼에 의해 다른 수준으로 다른 생명의 형태로 영원토록 체험되는 것임이 분명해질 것이다.

또 삶은 오감으로 인지되는 것에 제한되지 않으며, 인간이 처음 상상했거나 종교가 늘 말해 온 것보다 훨씬 광범위하고 깊은 차원임을 이해할 것이다.

이 가르침의 결과로, 오감으로 인지되지 않은 것에 더욱 주의를 기울일 것이고, 이것은 삶을 어떻게 최고로 기쁘고 놀랍게 체험할 것인지에 관한 새로운 이해의 토대가 될 것이다.

삶에서 사후를 내다보면서 살지 않고, 거룩한 지금 이 순간에 수많은 관점으로 창조·표현·체험되고 있는 것을 중심으로 살 것이다. 바로 '지금'이야말로 존재하는 유일한 시간The Only Time There Is(TOTTI)임을 점점 더 의식할 것이다.

삶은 신을 향해 '본향으로 돌아가려는' 노력이나 투쟁으로 체험되지 않고, 각자에게 흐르는 무한하고 신성한 천성의 자유로운 발현으로 체험될 것이다.

'천국행'이 이제는 삶의 최종 목적이 되지 않을 것이다. 어디에 있든 천국 창조를 최고의 목적으로 삼을 것이다. 이런 체험을 위해 사람들은 어떤 죄를 고백하거나, 해지기까지 금식하거나, 순례 여행을 떠나거나, 예배 장소로 매주 가거나, 정기적으로 십일조를 바치거나, 특정한 행위나 의식을 행하거나 할 필요가 없을 것이다. 만일 그것이 기쁨을 주거나, 신과의 관계에서 자신이 누구인지를 일깨우는 데 도움되고, 자신의 목적과 계속 연결되도록 돕는다면, 그들이 이런 일을 하기로 선택할 수는 있겠지만.

삶을 하나의 통합된 장으로 더욱 깊이 이해하고 개인적으로 풍요롭게 체험하기 때문에, 곳곳의 사람들에게 삶은 그 자체로 최고의 가치가 되고, 모든 영적 이해와 발현이 나선형으로 상승하는 핵심이 될 것이다.

남성과 여성

인간은 신이 남성도 아니고 여성도 아니며, 성도 없음을 이해할 것이다.

신이 남성이라는 관념은 틀렸으니 거부될 것이며, 남성이 여성보다 우월하지 않다는 사실을 이해할 것이다. 신이 남성과 여성에게 삶에서 한정된 역할을 맡기를 원한다는 생각을 버리고, 완전한 남녀평등사상을 선호할 것이다. 사실, 어떤 인종·종교·성별·나이라도 어디에 있든 모든 사람에게 개인 간의 우월은 없으며 절대 평등만 있다는 것이 존재하는 유일한 견해The Only Thought There Is(TOTTI)가 될 것이다.

이 가르침의 결과로, 사회에서 성차별과 학대가 사라질 것이다.

결혼

인간은 결혼이, 진화하고 있는 존재가 성장하려는 목적과 지속적인 자기 재창조를 위해 특정 타인과의 상호관계를 수반하는 자기 영혼의 일정을 완수하고, 그 여정의 일부를 이행하려고 활용하는 영적 도구요 신성한 장치임을 이해할 것이다.

또 모든 인간관계가 신성한 토대며, 소중한 이와의 친밀한 관계는 대단히 중요하고, 결혼은 엄청난 의미가 있는 중대하고 신성한 계약이라는 점을 이해할 것이다.

인간은 어떤 영혼도 우연히 만나지 않으며, 모든 만남마다 목적이 있고 선물이 들어 있음을 인식할 것이다. 또 가슴의 교류와 영혼의 협력은 시간이 아무리 길든 짧든 신비한 협약이 펼쳐진 것임을 이해할 것이다. 그 협약이란 존재의 신성한 본질에 관한 인식·의식·이해·발현을 체험하고 확장하라는 신의 초대다.

이 가르침의 결과로 사람들은 결혼을, 자기를 완성하거나 어떻게든 '빠뜨린 뭔가'를 자신의 삶으로 가져올 기회가 아니라, 그들이 인생에서 빠뜨린 뭔가는 없으며, 있는 그대로도 완전하고 완비되며 완벽하다는 사실을 축하하고, 유대 관계의 경이로운 기적을 통해 이런 것을 체험하는 과정에서 확장되고 성장할 기회로 볼 것이다.

인간은 절대로 다시는 안전을 구하려는 동기로 결혼을 시작(또는 유지하거나)하지 않을 것이다. 왜냐하면, 유일한 실재 안전은 소유하거나 지배하는 데 있지 않고, 소유당하거나 지배당하는 데 있지 않고, 요구하거나 기대하는 데 있지 않고, 심지어 사는 데 필요하다고 생각하는 것이 타인에 의해 충족되리라고 바라는 데 더구나 있지 않고, 오히려 그들이 인생에서 소망하는 모든 것, 즉 모든 사랑·지혜·통찰·권력·앎·이해·양육·연민·강인함이 자신의 내면에 존재함을 아는 데 있음을 이해할 것이기 때문이다.

또한, 사람들은 신·삶·사람·창의력·일에 관한 사랑과 자신을 순수하게 표현하거나, 기쁘게 하는 그들 존재의 모든 면을 포함하여 그들에게 내재한 최고이자 최상의 것을 진솔하게 표현하거나, 진정으로 축하하지 못하게 만듦으로써, 배우자나 자신을 한정·지배·방해·제한하는 그 어떤 방식으로든 결혼생활을 시작하지 않을 것이다.

결국, 사람들은 결혼을 의무를 떠안는 것이 아니라, 오히려 기회를 맞이하는 것으로서 여길 것이다. 성장할 기회, 자기를 충분히 표현할 기회, 삶의 잠재력을 극대화할 기회, 자신에 관해 늘 지녀왔던 그릇된 생각과 속 좁은 관념을 치유할 기회, 두 영혼의 교감을 통해 신과 궁극적으로 재결합할 기회로 볼 것이다.

그들은 결혼을 참으로 신성한 교감으로 볼 것이다. 좋건 나쁘건 끝까지 가야 하는 남녀 간의 결합이 아니라, 사랑하는 두 사람이 함께하기로 선택한 만큼 지속하는 결합, 모든 협력 관계에 내재한 권한과 책임을 동등하게 공유하고, 어떤 고생이 있더라도 같이 견디며, 영광을 함께 누리는 연인과 함께하는 삶을 통한 여행으로 볼 것이다. 인간은 서로 주며 받고, 이해하며 기억해내고, 나누며 치유했는지, 그리고 어떤 성장을 했는지에 의해 결혼의 성공이 측정됨을 이해할 것이다.

그리고 마침내, 모든 인간은 결혼이란 합일의 경험을 통해 신성을 표현하고 성장해 가는, 삶 자체의 신성한 일을 하기 위해 신성한 팀을 짠 두 영혼의 협동작업임을 이해할 것이다. 참으로 신성한 결합을 이룬 부부라면 그 결합이 삼자 결합임을 알 것이다. 두 사람과 신으로 구성된 팀이며, 이것은 존재하는 유일한 팀The Only Team There Is(TOTTI)이다.

섹스

인간은 성적 결합이 존재의 하나됨이라는 굉장한 체험이고, 두 사람이 나눌 수 있는 가장 친밀한 자기의 신체적·감정적·정신적·영적인 면의 엄청나게 강력하고 뜻깊은 체험이며, 육체적인 형상으로는 견줄 바 없는 사랑과 삶의 찬양임을 이해할 것이다.

또한, 섹스는 지켜야 하거나 피해야 하는 어떤 금기로 가득한 것이 아니라, 양자의 한계·소망·합의를 존중하고 기쁨을 가져다 준다면 어떤 방식이든 동의한 두 성인이 기쁘게 체험하도록 의도된 것임을 명확히 이해할 것이다.

또한, 인체는 근심거리가 아니라 신성하며, 어떤 신체부위도 전체적으로 아름다우며, 따라서 부끄럼 없이 보여주고 보일 수 있음을 이해할 것이다.

이 가르침의 결과로, 인간 종족에서 성범죄와 성의 수치심이 사실상 사라질 것이며, 따라서 성폭행도 사라질 것이다. 성적 표현이 심오한 수준으로 고양될 것이며, 절대로 비속한 수준으로 떨어지지 않을 것이고, 성적 에너지와 영적 에너지가 섞일 수 없다는 생각보다는, 오히려 성적 에너지는 물질 형태에서 영적 에너지의 아름다운 표현이라 배울 것이다.

더 많은 사람이 신성한 결합으로 성 체험을 표현하는 탄트라 섹스에 익숙해질 것이다. 탄트라는 '자기와 보이는 세계의 하나됨을 깨닫는 것'으로 정의되고, 섹스가 신성으로 체험되면 육체적인 형태로 존재하는 유일한 탄트라The Only Tantra There Is(TOTTI)다.

동성애

인간은 순수하고 참된 사랑의 표현치고 온당치 않은 형식과 방식이 없음을 이해하게 될 것이다.

이 가르침의 결과로, 동성에게 성적으로 가장 자연스럽게 끌리는 것을 느끼는 사람이, 신의 의지를 행하고 있다고 믿고 있는 사람들에 의해 공공연히 비난받고, 지탄받고, 저주당하고, 추방당하고, 격리되고, 폭행당하고, 살해되지 않을 것이다. 대대적인 탄압이 끝날 것이다.

사랑

인간은 사랑이란 측량할 수 없고 조건이 없음을 이해할 것이다. '조건부 사랑'은 모순어법이고 사랑은 다양한 크기의 단위로 나뉠 수 있는 게 아니라, 어떤 순간에라도 어떤 사람에게도 온 마음·가슴·영혼의 체험(존재 자체의 축복받은 본질의 충만한 표현)으로 있거나 없거나 둘 중 하나임을 이해하게 될 것이다.

인간은 사랑이 비록 측량될 수 없지만, 다른 식으로 표현될 수 있음을 이해하고, 과거에 '다른 식의 사랑'과 '다른 수준의 사랑'을 혼동했음을 알 것이다.

신이 사람에게 아무것도 원하지 않고, 모든 것을 준다는 사실이 명백해질 것이기 때문에, 결국 신은 사랑이 무엇이고 무엇을 의미하는지의 궁극적인 모델이 될 것이다.

이 가르침의 결과로, 마침내 사랑을 둘러싼 혼동의 베일이 걷힐 것이다. 인간은 '사랑'이라는 용어를 지금 대부분 인간관계에서 의미하는 것과 전혀 다른 의미로 쓸 것이다. 사랑을 절대 다시는 '필요'라는 말과 혼동하거나 바꿔 쓰지 않을 것이다. '사랑'이라는 용어는 깊이 존중될 터인데, 왜냐하면 사랑은 실제 에너지를(다른 모든 말도 그렇지만, 사랑이란 말은 아주 고도의 에너지를) 수반하고, 신의 다양한 이름을 제외하곤 아마도 인류의 많은 언어 중 어떤 용어보다도 더욱 다양하고 강력한 진동을 낳는다는 점이 명백해질 것이기 때문이다.

게다가 신의 본질을 바로 포착할 만큼 근접한, 모든 언어에 공통된 보편적 용어가 없다는 점이 아주 명백해질 것이다. 인간이 신을 한마디로 정의한다면 '사랑'이 존재하는 유일한 용어 The Only Term There Is(TOTTI)임을 명백히 알 것이다.

자유 의지

인간은 자신의 의지가 정말로 자유롭다는 점을 이해할 것이다. 그들은 삶에서 자신이 이것 말고 저것을 선택했다고 해서, 신이 절대로 그들에게 내세에 무서운 귀결을 겪게 하지 않으리라는 점을 알 것이다.

이 가르침의 결과로, 신이 인간에게 한 약속에서 모순이 제거되고, 그래서 이것이 인간 서로 간의 약속에서도 모순이 제거되게끔 영감을 줄 것이다. '자유'의 새 정의定義가 세워지리니, 그것은 자유라는 말의 근본적인 뜻을 반영해, 어떤 한계도 완벽히 없어질 것이다.

고통

인간은 신이 누구도 괴로워하는 걸 바라지 않고, 확실히 그 어떤 존재도 신에게 '모범이 되기' 위해 혹은 '바른 것'을 행하기 위해 불필요하게 끝없이 고통받기를 요구하지 않음을 이해하게 될 것이다.

이 가르침의 결과로, 상황을 어떻게든 제어할 수 있다면 사람들은 더는 자신 또는 타인에게 불필요하게 끝없이 육체의 아픔을 참으라고 요구하지 않을 것이다. 사람들은 또한 아픔은 객관적 체험이지만 고통은 아픔에 관한 주관적 결정임을 관찰해, 아픔과 고통의 차이점을 이해할 것이다.

많은 어머니는 산고를 전혀 고통이 아니라 격렬하지만 기쁜, 삶 자체의 과정을 통하여 삶 자체를 낳는 삶 자체의 통과의례로 체험한다. 모든 고통을 이런 자각의 수준으로 끌어올리면, 인간의 의식이 높아져서 체험 전부를 바꿔버릴 수 있는 관점의 변화가 일어난다. 따라서 의식은 변형의 도구가 되어, 외적인 현상을 문제로 삼지 않고 그것을 기회로 변형시키는 육체의 체험을 마음으로 창조해낸다.

돈

인간은 돈이 에너지고, 돈 자체는 가치중립적이며, 돈으로 무엇을 하느냐가 그것에 가치를 부여함을 이해할 것이다. 또 신은 돈에 반대하지 않으며, 돈과 영성이 섞이지 않는다는 관념은 그릇된 것임을 이해할 것이다.

이 가르침의 결과로, 사람들은 돈을 둘러싼 죄의식에서 자유로워질 것이고, 일반 사회는 돈에 관한 태도를 바꿀 것이다. 세상을 위해 유익한 일을 하는 사람들도('신의 일'을 하는 이들조차도) 잘못을 저지르지 않고, 자신이 능력이 되거나 바라는 만큼 돈을 벌어들일 수 있게 될 것이다.

사회가 가장 효과적으로 기능하기 위해서는, 사회에 최고 가치를 가져다주는 사람에게 최고의 보상이 최대한 유익하게 주어져야 한다(그 반대가 아니라)는 것이 명백해지리라.

도덕

인간은 신이 아무것도 원하지 않기에, 도덕은 불변하는 게 아니며 신이 원하는 것에 따라 정해지는 것도 아님을 이해할 것이다.

이 가르침 덕분에, 사람들은 도덕을 정의하는 문제를 손수 다룰 것이니, 어떤 조직이나 기관에 권위를 양도하려 하지 않을 것이다. 이렇게 한 결과로 당대의 도덕은 당대의 행실을 좀 더 정확하게 반영할 것이다. 따라서 인간은 심판받거나 '살해당하거나' 비난받을 죄의식이나 두려움 없이 일상적으로 행해왔던 방식대로 행할 수 있게 될 것이다.

이러한 일이 생긴다면 인류의 가치가 떨어지리라는 주장은 인정받지 못할 것이다. 왜냐하면, 자신에게 더 높은 수준의 책임감이 주어진 사람들이 '자신이 누구인지'에 관한 창조와 발현에서 더 높은 수준의 위대함으로 자신을 격상할 것이기 때문이다.

이처럼 사람들은 인과적 우주에서 한 종이자, 개별자이자, 신성한 존재로서 '우리가 누구인지'에 관해 그동안 품었던 가장 원대한 비전의 다음번 가장 숭고한 버전으로 우리를 지속적으로 새로이 재창조하는 것에 인생의 목적과 신비가 있음을 알게 될 것이다.

죽음

인간은 죽음이 없다는 점을 이해할 것이다. 터득하고 성장할 기회는 절대 끝나지 않으며, 삶은 보상과 처벌을 위한 시험이 아니라 계속적이고 끝없는 성장, 확장, 자기표현, 자기창조, 자기실현의 과정이므로 우리가 어떻게 살았는지에 관한 상벌을 받는 때는 절대로 오지 않으리라는 점을 알 것이다.

죽음이란 다만 오직 하나의 탈바꿈으로 이해될 것이다. 영혼의 체험에서는 영광스런 도약이요, 의식 수준에서는 변화요, 영원한 진화 과정에서는 자유를 주고 괴로움을 해방하며 인식을 확장해주는 대약진으로 이해될 것이다.

이 가르침 덕택에, 많은 사람이 죽음을 무서운 것이 아니라 삶이라 불리는 놀라운 체험의 놀라운 부분으로 알게 될 것이다.

사람들은 지나치게 슬퍼하지 않고 가뿐하게 죽음에 관해 말할 것이다. 사람들은 괴로워서 죽어갈 때조차 부득불 삶에 매달려야 한다고 생각하지 않으리니, 삶을 **제외하고** 아무것도 없고, 따라서 존재하는 단일한 것에 매달려야 할 이유도 없기 때문이다. 사람들은 누군가의 육체 형태의 말기에 영적 고결함이라는 이유로 끝없는 고통을 이제는 재촉하거나 요구하지 않고, 다른 생명 형태에도 고통을 요구하지 않을 것이다. 이것은 어떤 곤경이나 슬픔에서 벗어나는 수단으로 삶을 끝내는 것이 권장될 것이라거나 권장된다는 의미는 아니다. 현재의 육체 형태의 삶이 놀라운 선물이며, 누구도 도전을 회피하려고 삶을 내던지기를 절대 바라지 않고, 오히려 삶이 '우리가 진정 누구인지'를 체험하는 데 이용될 수 있음을 깊은 수준에서 이해하게 될 것이다.

인간이 새로운 영성을 창조할 때, 이런 방식과 다른 수많은 방식으로 개인의 삶이 현저하게 달라질 것이다.

사람들과 더는 필요에 바탕을 둔 관계가 아니라, 개인적으로 성취한 자신의 능력을 발휘하고, 모든 이에게 내재하는 자신과 타인에 관한 고귀한 생각을 개인적으로 발현해낼 때 더욱 심오하게 나타날 관계를 상상해보라!

'누군가 없이는 살 수 없다.'라는 생각이 아니라, 당신의 가장 충만하고 고귀하고 숭고한 자기를 발현하고 체험할 때 누구에게도 의지하지 않으며, 접촉하는 사람마다 자신이 베푸는 처지에서 참으로 사랑해서 그들을 잘되게 한다는 인식에서 비롯된 로맨스를 상상해보라!

더 즐거울 것 같은 직업과 일, 당신 내면에 있는 최고와 최선의 축하, 자신이 누군지에 관한 가장 행복한 체험을 상상해보라!

신법神法으로 생각하는 것에 대한 사소한 위반에도 죄의식이나 신에 대한 두려움이 없는 삶을 상상해보라!

마침내 당신이 진정 신과 하나임을 이해했을 때 경험하게 될 영혼·마음·육체의 자유를 상상해보라!

당신이 꿈꾸던 인생을 실현해가고, 다른 사람들의 꿈도 실현하도록 도우면서 경험할 능력을 상상해보라!

아무것도 잘못될 수 없고, 모든 게 있는 모습 그대로 완벽하며, 그리고 당신이 되어 있는 모습대로, 하는 일 그대로, 바로 지금 지닌 것 외에는 신이 아무것도 요구하지 않는다는 사실을 깨달았을 때, 과거에 벌어진 일에 관해 떨쳐버릴 수 없을 것 같은 슬픔과 나쁜 감정들은 말할 것도 없이, 앞날에 관한 좌절·근심·걱정도 사라지는 상황을 상상해보라!

끝으로, 놀랍게 확장된 당신의 인식 덕분에 당신의 일상 순간에 당신을 통해 당신**으로서** 발현되는 삶의 경이로움과 놀라움을 체험한다고 상상해보라!

이것은 새로운 영성의 날에 경험할 인생의 맛보기에 지나지 않는다. 그리고 당신은 모든 인류가 이런 경험을 집단적으로 창조하기를 기다릴 필요가 없다. 개인적으로 모든 사람은 자신을 위해 창조하고, 자신이 관계하는 사람들의 생활 속에서도 이런 체험을 창조해내기 시작할 수 있다. 사실, 삶이 당신에게 해주기를 청하는 바가 바로 이것이다! 신이 바로 지금 당신에게 요청하는 것이 바로 이것이다.

❋❋❋❋❋

이제 문제는
'신을 어떻게 활용할 것인가?'
이다.

❋❋❋❋❋

24.

우리가 요청받은 일을 하려고 준비하듯이, 서로·삶·신에 관련해서 우리가 누구인지를 결정할지 안 할지를 결정하듯이, 이 책에서 살펴보았던 것을 더 많이 궁구하는 것이 우리에게 유익하리라. 작동하지 않고, 이제는 기능하지 않는 어떤 것이 있을 수 있는지를 살펴볼 수 있도록 우리에게 다가오는 신과 삶에 관한 어떤 믿음도 우리는 날마다 객관적으로 관찰할 수 있다.

이것은 우리가 여기서 해온 것처럼 우리 삶의 각 영역을 정말로 주의 깊게 바라보고, 우리가 그것에 관해 서로 말하고 있는 내용과 우리가 권위자라 여기는 사람들이 말하고 있는 내용에 주목한다는 것을 의미한다.

반드시 주의를 기울여야 한다.

우리가 이야기하는 일종의 지속적인 자기 탐구의 한 예를 보자. 당신이, 혹은 당신 친구나 자녀가 결혼을 진지하게 고려하고 있다고 치자. 지금 당신은 결혼에 마음쓰고 있다. 당신 자신에게 질문할 좋은 때다. 우리가 여기서 이미 조사한 것 말고, 결혼을 둘러싼 진실에 대하여 당신의 견해를 모호하게 하는 어떤 다른 신앙이 있는가?

결혼에 대하여 이전에 이야기했지만 잠시 다른 시각으로 보자. 이런 것을 둘러싼 우리의 '문화 이야기'를 세밀하게 조사해보자.

인류의 권위 있는 출처 중 하나인 성서가 결혼에 관해 무어라 하는지 탐구해보자.

1. 결혼으로 한 여자 또는 여러 여자가 한 남자와 결합하는 것이 용인된다. (삼하 3:2-5)
2. 결혼 때문에 남자가 부인 또는 여러 부인 외에 첩을 취할 권리가 방해받지 않는다. (삼하 5:13, 왕상 11:3, 역하 11:21)
3. 결혼은 아내가 처녀일 경우에만 유효하다고 간주한다. 만일 아내가 처녀가 아닌 걸로 밝혀질 경우, 그 결혼은 깨지고 여자는 처형당한다. (신 22:13-21)
4. 신자와 비신자 간의 결혼은 금지한다. (창 24:3, 민 25:1-9, 에 9:12, 느 10:30)
5. 만일 결혼한 남자가 자손 없이 죽으면 그 남자의 형제가 그 과부와 결혼한다. 만일 그가 그 형제의 과부와 혼인하기를 거부하거나 일부러 자식을 낳지 않으면 한쪽 신발의 벌칙(신을 벗기고 얼굴에 침 뱉음을 당하는 모욕)과 다른 방식, 즉 법이 정한 방식으로 벌을 받는다. (창 38:6-10, 신 25:5-10)

물론, 누구도 진지하게 성서를 글자 그대로 받아들이자고 하지는 않을 것이다. 여러 주제에 관한 다양한 출처의 이런저런 구절은 단지 특정 시간대에 한정되지 않는 광범위한 메시지를 담을 수 있도록 역사적 맥락을 제공해줄 뿐임을 이해해야 한다.

그리고 이것이 바로 핵심이다.

역사는 역사일 뿐인데도, 만일 우리가 과거사를 글자 그대로 현대에 적용하려고 하면, 실패를 반복할 수밖에 없다. 나는 이것이 우리 다수가 바라는 것으로 생각하지 않는다.

만일 당신이 인류의 집단적인 과거사를 일부 검토할 때, 신과 삶에 관한 우리의 역사적인 일부 관념이 더는 작동하지 않음을 인정할 만큼 용감하다면, 당신에게 그걸 대체할 만한 새 개념을 고려할 가능성이 열린다. 그 첫 단계가 여기에 제시된 열쇠다. 우리는 다만 신과 삶에 관한 우리의 일부 관념이 이제는 작동하고 있지 않음을 기꺼이 인정하는 법을 습득해야 한다.

이런 식으로 접근할 때 진화의 맥락에서 우리는 참으로 어린애에 불과함을 이해하고 당신 자신에게 관대해지고, 그래서 우리는 자신의 완고함과 어떤 사실에 관한 무지나 오해에 대해 (인정은 말할 것도 없고) 용서될 수 있다.

많은 사람이 인간을 고도로 진화한 종으로 생각하고 싶어 한다. 사실 인류는 이 행성에서 막 유년기를 벗어났다. 「새 세계 새 마음」New world New Mind이란 책에서 로버트 온슈타인Ornstein과 폴 에를리히Paul Ehrlich는 이런 개념을 놀라운 관점에서 기발한 말로 표현했다.

지구의 역사가 한 해 달력의 표로 그려졌다고 가정해보자. 1월 1일은 지구의 시작이요 12월 31일 자정은 현재를 나타낸다. 지구의 한 해 중 하루는 실제 역사의 120만 년을 나타낸다. 이 척도로 단순한 박테리아와 같은 첫 생명체는 2월 언젠가 나타난다. 그러나 더욱 복잡한 생명체는 아주 늦게 나타난다. 첫 어류는 11월 20일경 나타난다. 공룡은 12월 10일경에 태어나서 성탄절 날 멸종한다. 인간이라 할 만한 우리의 시조는 12월 31일 오후까지는 보이지도 않는다. 우리 종인 **호모 사피엔스**는 밤 11시 45분경 나타나게 되며, 기록된 역사상의 모든 사건은 일 년 중 최후 **몇 분** 동안 일어났다.

우리는 이 척도 가운데 우리가 어디에 있는지를 안다. 그 두 사람은 이 책에서, 인간 종은 너무나 원시적이라서 우리가 삶 자체에 의해 일상적으로 주어지는 자료를 효과적으로 처리할 정도로 우리의 뇌는 아직 충분히 개발되지 않았다고 강력히 주장한다.

우리에게 신에 관해 주어지고 있는 자료도 거기에 포함될 수 있을까?

물론 그럴 수 있고, 사실이기도 하다.

그러나 이것은 나쁜 뉴스가 아니라 좋은 뉴스인데, 왜냐하면 그것은 우리가 현재 어디에 있는지, 또한 어디로 갈 수 있는지를 단적으로 설명해주기 때문이다. 만약 이것이 우리가 **어떻게** 현재 모습이 되었는지를 이해하는 이유를 제공한다면, 같은 이유로 어떻게 우리가 되기로 **선택**하는 모습이 될 수 있는지도 명확히 알게끔 제공한다.

우리는 우리가 살았던 어떤 때보다 가장 흥미로운 시기에 처해 있다. 위의 척도에서 인류는 1년 (365일) × 24시간 × 60분 = 525,600분에서 1분을 지내고 이제 막 2분째에 들어서는 참이다. 나는 이제 우리가 영적으로 기술을 다루는 능력보다 기술이 더 앞질러가는 낡은 시나리오(이전에 적어도 한 번은 살아보았던)를 버리고, 거의 모든 위험한 상황에서 비열한 방위반응(싸우거나 도망치는 반응)을 버리고, 우주의 삼라만상이 존재하는 방식에 관한 최종적인 언급으로서 분리신학을 고집하는 것을 버리고, 인류의 경험에서 전에는 절대로 구체화한 적이 없던 가능성을 포함하는 인식을 확장할 준비를 하고 있다고 믿는다.

나는 셰익스피어가 옳았음을 우리가 증명할 준비가 되었다고 믿는다. "천지간에는 자네 지혜로 상상할 수 있는 것보다 더 많은 것이 있다네."

25.

여기서 논의할 최종 주제, 매우 흥미로운 주제로 가 보자. 이 행성에서 우리가 체험했으면 하는 삶을 **어떻게** 창조하느냐에 관한 것이다.

과거 인류는 두 가지의 신학상 기본 문제를 탐구했다.

그 두 질문은 다음과 같다.

1. 신은 누구이며 무엇인가?
2. 신이 무엇을 원하고, 왜 원하는가?

이 문제에 관한 답은 다음과 같다.

1. 신은 삶이고, 삶의 모든 것이다.
2. 신은 아무것도 원하지 않는다. 자신이 어쩌면 원했을지도 모르는 모든 것이 있고, 모든 것이기 때문이다.

이제 이 답이 맞는다면 세 번째 질문이 필연적으로 따라온다.

3. 그러면 신의 목적은 무엇이며, 신의 기능은 무엇인가?

다음과 같이 노골적으로 표현할 수도 있겠다. 신이 있어봐야 무슨 소용인가?

분리라는 것은 전혀 없고, 삶의 모든 면에서 '분리'는 존재하지 않으며, 삶의 모든 것은 결합하여 있고, 뭉쳐져 있고, 상호 맞물려 있고, 연결되어 있어서 창조주와 피조물은 하나라고 했다. 하지만, 그래서 어쨌다는 것인가? 그게 다인가? 신과 우리가 하나라고? 그게 새로운 영성이란 건가?

아니. 그보다 더한 것이 있다. 신은 모든 것이라는 사실보다 더한 것이 있다.

신을 **활용**할 수도 있다.

이것이 바로 신이 있는 목적이다.

이전에 나는 신을 믿을 훌륭한 이유가 있다고 했다. 나는 또한 이것이 바로 그 이유라고 했다. 삶 자체인 힘·능력·에너지는 일관되고 결과를 예측 가능하기에 **활용**될 수 있다. 흥미롭게도 이 점은 모든 종교의 가르침에서 거듭 제시되었다.

모든 종교는 신의 힘을 활용할 수 있다고 가르쳤다. 그러나 대부분 종교는 그 능력에 접근하기 위해서는 인간이 그들 외부에 손을 뻗쳐야 한다고 가르쳤다. 새로운 영성은 인간이 내면으로 가도록 권장할 것이다. 새 가르침은 이러하다.

네가 내면으로 가지 않는다면
너는 외부로 가게 되리라.

사회 과학자이자 인류학자인 진 휴스턴Jean Houston은 그녀의 책「도약의 시기」Jump Time에서 좀 더 설득력 있게 설명한다. 그녀가 말하길, "사람은 채색유리창과 같다. 반짝이고 빛나지만, 어둠이 시작되면 내면의 빛이 있어야만 진정한 아름다움이 드러난다."

이 개념은 이미 인류의 일반 문화에 스며들었다. 이 개념은 미래 지향적인 영화제작의 한 거장이 젊은 세대에게 언급한 단 한 문장에 아마도 가장 기억에 남을 만하게 표현되었으리라.

"힘은 당신과 함께한다." (영화「스타워즈」의 한 대목: 역주)

이제 문제는 "어떻게 신을 활용하는가?"이다.

간단하다. 생각·말·행동을 통해서다.

당신이 생각하고, 말하고, 행하는 것이 신을 활용하는 방법이다.

이것이 창조의 세 가지 도구며, 이 도구들은 완벽하다. 굉장하고 효과적이다.

당신이 체험하려고 선택한 것만을 생각하고, 당신이 실현하고자 선택한 것만을 말하고, 당신의 지고한 현실로 드러내려고 선택한 것만을 행하라.

이것을 자세히 살펴보라. 이것이 모든 마스터가 했던 것이 아니던가? 이 이상 했던 마스터가 있는가?

없다.

한마디로 없다.

그런데 여기에 다른 비밀이 있다. 당신이 뭔가를 소망할 때, 만약 그걸 지녔다면 당신이 어떻게 느꼈으리라고 상상하는지 살펴보

라. 왜? 이것은 엄청난 실마리인데, 당신의 혼이 구하는 것은 항상 내면 체험이지, 외부 체험이 아니기 때문이다. 사람들은 대부분 자신이 원하는 것이 바깥에 있다고 생각한다. 그렇지 않다. 그것은 안쪽에 있다. 모든 인류가 찾고 있는 것이 바로 이것이고, 우리가 이 체험에 부여한 단어가 바로 '느낌'이다.

이것은 개인적인 성장 작업에서 가장 자유로운 통찰인데, 왜냐하면 내면의 평화와 기쁨을 알기 위해서 당신 외부의 것이 뭐든 단 한 순간도 필요 없다는 것을 뜻하기 때문이다.

이런 점이 바로 신이 매 순간 알고 있는 것이며, 신의 **실상**이다. 그리고 인간에게서 신이 원하는 것이 아무것도 없다고 단정적으로 말할 수 있는 이유다.

당신이 추구하는 것은 바로 느낌이며, 이 느낌이 당신이 지금껏 추구해왔던 전부며, 당신이 체험하기를 바라는 모든 것이 당신 내면에서 어느 순간에라도 가능함을 깨달을 때, 당신 역시 전혀 아무것도 원하지 않을 것이다.

느낌은 혼魂의 언어다. 느낌을 통해 혼은 마음에게 '당신이 누구인지', '삼라만상과 당신의 관계'를 전달한다. 한평생 당신은 삼라만상과 분리되기 이전에 느꼈던 방식을 느끼려고 갈구하고 있다. 이 열망은 밝혀낼 수 없으나, 늘 알고 있던 것이다. 이것은 삶 자체의 충동이다.

외부의 사건들이 체험되는 것도 바로 느낌을 통해서다. 이것은 하등의 생명체에는 해당하지 않는다. 켄 케이즈 주니어는 그의 책 「평생 행복의 지침」Your Road map to Life long Happiness에서 이 점을 주장한다. 켄이 말하길, 만약 뱀이 당신을 물어도 뱀이 화났다는 뜻이 아니다. 뱀은 화를 모른다. 그런 느낌이 없다. 특정 외부 자극이 주어졌을 때, 편협한 파충류의 뇌는 생존 욕구에 따라 행동하도록 지시를 내려 본능적으로 행동한다. 뱀은 내부 자극에 반응할 수 없다. 그런 자극이 없다.

반면, 포유동물에는 감각과 느낌 둘 다 있다. 지구의 생명 형태들이 계속 진화했듯이, 포유류의 뇌는 파충류의 뇌에서 더욱더 발달했다. 그것은 2단계의 뇌 구조며 느낌이 체험되는 곳이다. 자기 영역이 도전받으면 사자는 화가 날 수 있다. 사자는 특정한 내부와 외부 자극을 받을 때 생존 욕구에 따라 행동한다.

인간존재는 3단계로 뇌가 발달했다. 인간의 뇌는 사고·논리·추론이 발생하는 곳이다. 그것은 감각과 느낌 처리장치(파충류와 포유류의 뇌)에서 오는 자료를 더 높은 수준에서 취합하고, 분석하고, 이해하는 곳이며, 모든 입력 자료에 기초하여 의식적 결정이 내려지는 곳이다. 의식적 결정과 무의식적 결정의 차이는, 전자는 귀결을 고려한다는 점이다.

인간존재가 자기 행동의 결과를 고려하지 않고 행동하면, "동물처럼 행동한다."라는 말을 듣는다. 물론 우리는 동물이다. 포유류인 우리에게는 포유류의 뇌가 있는데, 그것은 파충류 뇌를 기반으로 한 것이다. 우리에게도 뱀과 같은 방위반응 메커니즘이 있고, 사자와 같은 화가 있다. 그리고 우리에게는 고등한 생명체, 고도로 진화한 존재의 추리 능력도 있지만, 물론 우린 그것을 써야 한다. 느낌은 훌륭한 두뇌의 도구인데, 대부분 사람은 효과적인 방식으로 그것을 쓰지 못하고 있다. 대부분 사람은 느낌으로 창조하기보다 느낌에 반응하느라 인생을 허비한다.

그럼 이제 우리가 헤어지기 전에 나는 당신과 이 놀라운 정보를 나누고자 한다. 이것은 "신이 아무것도 원하지 않는다면, 신이 있다는 게 무슨 소용인가?"라는 질문에 직접적으로 대답한다.

신이 있는 취지는, 당신이 자신만의 체험을 창조하고, 그로써 당신이 창조주가 존재하는 방식대로 되는 것, 즉 창조주가 되는 방식으로, **신이자** 삶이기도 한 본질과 에너지를 **활용**하라는 데 있다.

26.

신이 당신을 만든 방식 덕분에(즉, 신이 존재하는 방식 덕분에), 자극하는 외부 사건을 동반하지 않아도 어떤 느낌이든 체험할 수 있다. 이것은 의심할 여지 없이 삶의 가장 큰 신비며, 신이 일하는 방식이다.

당신이 어떤 사건을 생각만 하더라도 체험하고 싶은 느낌을 포착할 수 있음을 알았는가?

근간에 공포 영화나 아니면 로맨틱 영화를 보라. 어떤 외부 체험을 겪고 있는 사람의 그 모든 것을 느끼려고 당신이 실제로 그런 체험을 겪지 않아도 된다. 심지어 당신이 보고 있는 화면 속 인물이 그 체험을 겪고 있는 것이 아니라 단순히 **연기**하고 있을 뿐임을 알 수도 있지만, 어쨌든 당신은 느낄 수 있으니 차이가 없다. 영화 제작자들은 이것을 '불신의 유예'라고 부른다. 그들의 일은 영화를 너무도 실감 나게 제작해서 글자 그대로 당신이 불신할 수 없게 하는 것이다.

당신은 같은 기술을 마음의 영화 화면에 활용해 당신 자신에게 주역을 맡기고 '액션!'이라고 외치면 된다. 당신은 자신이 바랄 때마다 소망하는 느낌이 뭐든 지닐 수 있다. 그런데 여기에 실재 기적이 있다. 당신이 내면에서 어떤 느낌을 만들어낸 것이 당신 외부의 사건을 창조할 수 있음을 종종 발견하게 되리라.

듣고 있는가? 이것은 사소한 진술이 아니라, 중대한 발표다. 당신 내면에서 만들어낸 느낌이 당신 외부의 사건을 창조할 수 있다. 느낌은 에너지를 주위로 끌어들이고, 에너지는 삶의 재료기 때문이다.

이런 현상은 50여 년 전 노먼 빈센트 필Norman Vincent Peale 박사가 쓴 책 「적극적 사고방식」이라는 걸작에서 비범한 통찰로 논의되었다. 그는 느낌이 우리에게 창조의 힘을 주는, 신이 준 선물임을 이해한 기독교 목사다. 수백만 부가 팔렸고, 오늘날에도 도서관, 서점, 온라인 서점에서 여전히 쉽게 구할 수 있다.

이 굉장한 작용을 좀 더 최근에 비기독교 성향의 시각으로 살펴본 현대의 도서로는 「마법의 열쇠」가 있다. 이 책에서 에스더 힉스와 제리 힉스Esther and Jerry Hicks는 기쁨의 힘, 즉 부와 풍요의 체험을 낳는 엄청난 장치로서 어떻게 그 힘에 접촉하고, 그것을 창조하고, 사용할 것인가에 관해 진술한다.

무언가를 마음에 그림으로써, 그것이 이미 성취된 것으로 봄으로써, 자신이 그것과 연상된 느낌을 체험하게 허용함으로써 당신이 뭔가를 창조할 수 있다는 사실은 인류가 이제껏 들어왔던 가장 커다란 뉴스, 즉 신은 아무것도 원하지 않는다는 증거다.

만약 신이 우리에게 특정한 뭔가를 원한다면, 우리가 바라는 것 뭐든지 창조할 능력을 주었을 것 같지는 않다. 그러나 우리에게는 이 능력이 있다. 당신은 이것을 믿는가? 믿지 않는다면, 당연하게 그 능력이 당신에겐 없다. 당신에게 그 능력이 없게 하는 현실을 창조하기 위해 그 능력을 사용하고 있기 때문이다.

("믿는 대로 너에게 이루어지리라")

신은 인류에게 한 가지만 말한다. "너를 위한 나의 의지는 너를 위한 너의 의지이다." 이 진술은 기적을 위한 가능성을 연다. 당신의 일상에서 개인적인 기적들을.

신은 이런 식으로 당신을 보살핀다. 신은 당신에게 스스로 보살필 능력을 줌으로써 당신을 보살피고 있다. 개개인에게는 자신의 현실을 창조할 능력이 있다. 우리는 모두 창조자며, 지금 매 순간 우리 현실을 창조하고 있다. 지금이 존재하는 가장 중요한 순간인 이유가 이것이다. 에카르트 톨레Eckhart Tolle는 그의 책 「지금 이 순간을 살아라」에서 이 점을 역설했다.

창조 과정에서 가장 중요한 요소는 지금 이 순간에 '무엇을 하는가'가 아니라, '어떻게 느끼는가'다. 당신의 느낌은 내면 현실을 창조하고, 내면 현실은 외부 체험을 창조한다.

이것이 당신을 곧바로 운전석에 앉힌다. 불행히도, 많은 사람이 어떻게 운전할지를 모른다. 느낌이 너무 자주 어디에선가 '불쑥 나타나' 그들을 달리게 하기 때문에, 제어하지 못한다. 종종 그런 순간에 행한 바가 그네들 삶 전반에 영향을 끼쳐왔다.

이런 내용을 내가 세계 여러 곳에 참석하는 '재창조 묵상the ReCreating Yourself retreats'에서 너무나 자주 듣는다. 이러한 집중 묵상에서 나는 참석자들에게 "여러분은 자신이 소망하는 어떤 느낌이든 지닐 수 있습니다. 느낌은 선택하는 것일 수 있지만, 견뎌야 하는 것은 아닙니다."

나는 그들에게 느낌은 생각에 따라 만들어진다고 말한다. 그리고 모든 생각은 당신이 마음에 불러낸 관념에 지나지 않고, 그것은 현실이 아니라 단지 현실에 **관한** 당신의 관념일 뿐이다.

그때 우리가 하는 작업은 사람들이 자기 '이야기'를 포기하도록 청하는 것이다. 이 이야기란 어휘는 누군가에 관해 또는 뭔가에 관해 우리 마음에 문득 떠올랐고, 보통 판단에 의해 생긴 첫 전제에 기반을 두고 우리가 마음으로 처음부터 끝까지 철저히 지어낸 각본이다.

일단 이것을 이해하고 나면, 당신이 겪고 있는 체험이 무엇이든 당신이 바라는 대로 느끼는 방식을 결정할 수 있고, 당신이 선택한다면 그 순간 새로운 방식으로 체험할 수도 있다. 심지어 특정 조건이나 상황에서 당신이 어떻게 느낄지를 미리 결정할 수도 있다.

어느 늦은 밤 시골길을 운전하다가 타이어가 터진 한 남자의 이야기가 있다. 짐칸을 열어 보니 잭이 없다는 것을 알고, 즉시 주변을 둘러보았다. "아마 내가 잭을 빌릴 사람을 근처에서 찾아낼 수 있을 거야."라고 생각하고 길을 내려가기 시작했다. 하지만, 그는 걸으면서 자신만의 이야기를 지어내기 시작했다.

"시골 한복판이어서 몇 리를 가도 집이 없을 거야"라고 탄식했다. 그런데 바로 앞쪽에 농가가 있는 걸 보았다. "너무 늦어 아무도 깨어 있는 사람은 없겠지." 그런데 창문에 불빛이 보였다. "필시 야간등이겠지."라고 혼잣말했다. "온 가족이 깊이 잠들어 있을 거고, 농부는 온종일 밭에서 일했으니 깨어날 수 없을 테고 누군가 나올 때까지 문을 두드리고 또 두드려야겠지. 농부가 깨어나도 자기를 왜 깨웠느냐고 화낼 것이고, 잭을 빌려달라 하면 이러겠지.

'맙소사, 여보쇼, 옷 입어야 하고 그거 하나 가지러 헛간까지 멀리 가야 해!' 그러고는 정말로 화를 내고 내 바로 앞에서 문을 쾅 닫겠지. 그리고 또 그리고…"

이때쯤 그 남자는 초조하기 그지없는 상태로 농가의 대문 앞에 도착해서, 문을 너무 세게 두드렸다. 즉시 문이 홱 열렸다. 안에서 깜짝 놀란 농부가 "뭐요?"라고 말했다. 남자는 얼떨결에 "아니 왜 이런 식으로 행동합니까?"라고 내뱉어버렸다. "당신 뭡니까? 내가 지금 곤경에 처한 거 안 보여요? 난 작은 도움만 원할 뿐이요! 잭만 있으면 된다고요! 문을 쾅 닫을 생각하지도 마세요!"

그때 농부가 문을 쾅 닫아버렸다.

하여간 거의 이 비슷한 꼴이 인간존재들에게 벌어지곤 한다. 설사 인간이 늘 쓰는 가장 강력한 삶의 도구 중 하나로써 창조했다 하더라도, 이것은 이해받기 어려운 체험이다. 인간들은 대부분 의식하지 않고 이런 도구를 사용한다.

이렇게 우리의 느낌을 미리 결정짓는 과정은 긍정적인 방식이나 부정적인 방식으로 쓰일 수 있는데, 애석하게도 사람들은 부정적 방식으로 자주 사용한다. 다시 이야기하겠지만, 대개 사람들은 자신이 그것을 쓰는지도 모르며, 사실 그것을 사용하고 있음을 부정할 것이기 때문이다. 뭔가에 관해 사실보다 앞선 판단에 따라 미리 하는 이런 생각을 예단pre-judgment 혹은 선입견prejudice이라 부른다.

유익한 선입견을 품을 수도 있고, 유해한 선입견을 품을 수도 있다. 유해한 선입견이란 화·노여움·두려움처럼 당신에게 스트레스를 주거나 부정성을 가져다주는 앞선 판단이다. 유익한 선입견이란 내면의 평화와 기쁨, 참살이well-being와 같은 긍정적인 체험을 낳는 앞선 판단이다.

당신은 삶에서 사건들을 예견할 수 있고,(당신이 처음에 상상하는 것보다 훨씬 많은 사건을 쉽게 예측할 수 있다.) 그걸 어떻게 느낄지 사건이 일어나기 전에 결정할 수 있다. '계산'처럼 보이는데, 계산이 맞다! 특히 당신과 모든 관련자에게 최고의 감정적 결과를 궁리하고 있다면 계산이 '잘못된' 것은 아니다. 나는 이것을 긍정적 선입견이라 부른다. 당신은 또한 바로 지금 여기에서 벌어지고 있는 것에 관한 새로운 관점을 창조할 수 있다.

자신이 '작업Work'이라고 명명한 과정의 창시자 바이런 케이티 Byron Katie는 스티븐 미첼Stephen Mitchell과 공저 「네 가지 질문」에서 이 모든 점에 관해 놀라울 정도로 명확하게 언급한다. 그 작업은 내가 재창조 묵상에서 하는 「어째서 그래What's So 과정」과 아주 비슷하다. 두 과정 모두 어떤 것에 관한 사람들의 실제 경험에 대비되는 자신의 생각을 살펴보도록 이끈다. 즉, 사실에 입각한 그 순간의 현실과 자신의 '이야기'를 대조해본다.

사람들이 자신의 '이야기'를 기꺼이 포기하려 한다면, 관점이 바뀌고 놀라운 일이 일어난다. 사람들이 신이 원하는 것에 관한 자신들의 '이야기'를 기꺼이 포기한다면 삶 전체가 바뀔 수 있다.

27.

　인생에서 처음으로 경험하는 것은 거의 없다. 두려움은 누구에게도 첫 번째 경험은 아니다. 노여움도 사랑도 마찬가지로 전에 다 경험한 것이다.

　사실, 지금까지 살아오면서 어떤 새로운 감정 경험도 없다는 단순한 이유로, 새로운 감정을 체험할 수 없다고 하면 틀림없을 것이다. 새로운 것은 모조리 당신이 겪고 있는 감정 체험을 창조하거나 자극하는 **외부 조건과 상황**일 뿐이다. 이조차도 아주 새로운 것은 아니다. 이것들은 대개 단순히 어떤 주제의 변형일 뿐이다. 이전의 신체 경험을 떠올리게 하고 감정적 반응으로 이끄는 방아쇠 장치일 뿐이다. 그것들은 정말로 문자 그대로 당신이 이전에 그랬던 것처럼 당신이 반응re-act, 즉 다시 행동하도록 이끈다.

　이것이 바로 내가 앞에서 언급한 우리의 하등 뇌, 즉 파충류 뇌와 포유류 뇌의 조합을 사용할 때 벌어지는 일이다.

　우리 뇌의 이런 부분은 차이를 구별할 수도 하지도 않는다. 사물의 차이점을 모르고, 시간을 분간할 수 없다. 어떤 순간을 다른 순간과 식별하지도 못하고, 어떤 사람을 다른 사람과 식별하지도 못한다. 어제가 지금이고 지금이 어제고 둘을 하나로 본다. 예를 들면, 자신의 배우자를 자신의 부모로 생각할 수 있고, 둘을 하나로 볼 수도 있다.

당신의 어머니가 어린 당신에게 뭔가를 말했고, 그녀는 당신이 가장 인정받기를 원했던 분이었기에 당신에게 커다란 상처가 되었다 치자. 이제 오늘, 당신의 배우자가 같은 말 또는 같은 부류의 말을 한다면, 당신의 하등 뇌는 자신의 어머니가 이야기하는 것으로 생각한다.

당신의 감정은 너무나 오랫동안 억눌려 왔기에, 당신의 격한 반응은 실제로 발생했던 '공격'과는 전혀 균형이 안 맞을 수 있다. 일이 좀 진정되고 나서야, 당신과 배우자 둘 다 도대체 그놈의 화와 격분이 어디서 나왔는지 의아해할 것이다.

그런 감정은 지금이 예전이고, 여기가 거기이며, 이놈이 그놈이라고 생각하도록 당신 마음이 유도한 결과다. 싸우거나 도망치는 방위 메커니즘이 작동된 것이다. 그것은 '자아 생존시기'다.

마스터들은 이런 유도를 거절한다. 마스터들은 만사를 처음인 것처럼, 마치 그전에 일어난 적이 없는 것처럼 본다. 느껴지고 있는 것을 깊숙이 들여다보고 그 느낌의 진실을 탐구한다. 마스터들은 원죄original sin가 아니라, 근원적인 사고original thinking로 매 순간에 접한다.

이런 식으로, 마스터들은 이전에 체험된 어떤 순간의 재창조나 그것을 둘러싸고 구축된 이야기로 보기보다는 지금 순간(지금 여기서 벌어지고 있는 일)으로 본다. 그래서 다른 이에게는 반응의 시간이 되었을 것이 마스터에게는 창조의 시간이 된다.

당신도 이와 같을 수 있다. 어떻게 느낄지 의식적으로 선택할 수 있다. 당신의 하등 뇌인 파충류와 포유류의 뇌가 아닌, 고등 뇌가 당신의 느낌을 결정하게 함으로써 그렇게 할 수 있다. 정말 글자 그대로 의식을 끌어올릴 수 있다. 그 순간 마스터처럼 당신의 느낌도 반응이 아니라 창조가 된다. 그것은 당신의 최고 친구가 된다.

심지어 당신이 의식적으로 선택하지 않은 느낌도 당신의 친구가 될 수 있다. 왜냐하면, 그 느낌은 당신의 내면 진실과 외부 현실이 얼마나 동떨어져 있는지를 알려주기 때문이다.

「네 가지 질문」에서 바이런 케이티는 이렇게 썼다. "어떤 압도적인 느낌에 휩싸이기 쉬운데, 스트레스를 주는 어떤 느낌도 '당신은 꿈에 사로잡혀 있어'라고 알려주는 자비로운 자명종과 같다고 기억해내는 게 도움된다. 우울증·괴로움·두려움은 '이보게, 지금 당신이 생각하고 있는 것을 점검해봐. 당신은 자신에게 진실이 아닌 이야기 속에서 살고 있어.'라고 일러주는 선물이다."

부정적 느낌이 드는 순간, 당신은 잠재의식에게 "그것을 보여줘서 고마워"라고 말한 다음, 그 부정성이 진짜처럼 되어 감정으로 전환되기 전에 그것을 풀어주고 놓아버려라.

감정e+motion은 움직이는 에너지며, 당신에게 있는 느낌으로 하는 무언가다. 느낌은 어떤 것에 관해 당신이 지닌 한 생각일 뿐이다. 감정이란 생각이 특정한 방식으로 분출되고 출현해서 표현된 것이다. 감정은 그 생각을 행동으로 옮김으로써 생각을 현실화한다. 감정은 내면 관념의 외부 묘사다.

우리는 종종 자신의 감정을 드러낸다. 즉, 몸은 우리가 느끼고 있는 것을 세상에 전달하는 뭔가(우리는 기뻐서 펄쩍 뛴다!)를 한다.

내가 알기에 '느낌'과 '감정'에는 아주 속기 쉬운 차이가 있다. 나에게는 '감정'이란 마음이 우리가 느끼는 것을 행동하라고 몸에게 말하는 것으로 보인다. 우리는 어떤 것을 '느끼고', 그다음 '온통 감정적'이 된다. 즉, 움직이는 에너지로 가득해진다.

느낌은 언제나 참이지만, 감정은 때때로 속이고 있을 수 있다. 길 건너편에서 울고 있는 사람을 볼 때 어찌 된 영문인지 모른다. 그 사람이 무엇을 느끼고 있는지 모른다. 단지 그가 매우 감정적임을 알뿐이다. 그 느낌은 슬픔일 수도 있고 커다란 행복일 수도 있다.

느낌은 우리의 가장 깊은 진실이다. 마음이 끊임없는(그리고 빠른) 분석을 완료하면, 느낌에 관한 정신적이고 육체적인 표현이 뒤따르는데 이것이 감정이다.

마음은 느낌에 관해 조금도 아는 게 없다. 오로지 가슴만이 알고 있다. 물론, 마음은 안다고 생각하고, 온갖 종류의 반응을 생각해낸다. 그중에는 실제로 우리의 진짜 느낌과 조화를 이루기도 하고 일부는 아니기도 하다.

그러므로 우리 삶의 중대한 결정과 선택의 순간에는 내면 깊이 파고들어 진짜 느낌을 살펴보는 것이 이로울 것이다. 바로 거기에 우리의 진실이 있다. 감정에 있는 게 아니라.

내가 재창조 묵상에서 사용하는 어째서 그래 과정은 특정 쟁점과 직접적인 문제에 관한 느낌을 살피는 멋진 방법이다. 이 과정의 탁월한 점은 일단 사용법을 익히면, 집에서도 계속할 수 있다는 것이다. 하고 싶을 때는 언제 어디서라도 가능하다. 처음에는 종이와 연필을 이용하고 싶겠지만, 몇 차례 해보면 자동으로 될 것이다. 이 과정은 당신이 하는 것을 아무도 눈치채지 못하게 당신의 마음으로 아주 빨리 검토할 수 있는 정말로 정신적인 과정이다.

이것은 당신이 매일 매 순간의 체험을 창조하는 2단계의 마스터 수준을 가능케 한다. 1단계 과정은 어떤 것에 관해 어떻게 느끼기로 선택할지를 의식적으로 결정하는 것이다. 2단계는 당신이 일부러 그 느낌을 선택했든 아니든 간에, 당신에게 들고 있는 그 느낌을 어떻게 표현할지를 의식적으로 결정하는 것이다. 이것이 '어째서 그래 과정'의 목적이다.

이것은 강력한 내용이다. 이러한 이중 메커니즘은 도구 중 도구다.

부정성이 당신을 압도하는 것이 되어야 할 필요는 없다. 오히려 당신이 극복하는 것이 될 수도 있다.

28.

우리가 신이 원하는 것에 관한 '이야기'를 놓아버릴 때, 마침내 다시는 경험하거나 선택할 필요가 없는 두 가지 감정, 즉 '두려움'과 '죄의식'을 놓아버릴 수 있다. 나는 두려움과 죄의식이야말로 인류의 유일한 적이라고 말한 바 있다. 심오한 진실이다.

죄의식은 후회와 다르며 무의미하다. 후회는 우리가 했던 일에 관한 유감과 다시 그 일을 하고 싶지 않다는 느낌이다. 죄의식은 자신이 했던 일로 자신을 기소하는 느낌으로, 절대로 우리가 어떤 일을 하더라도 우리 자신은 회복되지 않는다. 후회는 힘있게 하고, 죄의식은 힘없게 한다.

두려움은 주의와 다르며 무의미하다. 주의는 인도에서 차도로 들어갈 때 양쪽을 살피는 것이 좋다고 일러주는 느낌이다. 두려움은 우리에게 차도로 들어가지 못하게 하는 느낌이다. 주의는 힘있게 하고, 두려움은 힘없게 한다.

여타의 느낌과 마찬가지로 두려움도 진동을 만들어낸다. 앞에서 우리는 느낌이 현실의 모습을 창조할 수 있음을 알았다. 이런 것은 느낌은 에너지를 주위로 모으고, 에너지며, 그리고 그 에너지가 삶의 재료이기 때문이다. 두려움 자체도 에너지며 진동이다.

모든 것이 진동이다. 양자물리학과 초끈이론(그리고 최근에는 이것을 명확하게 설명한 M이론)은 존재하는 모든 것이 에너지의 입자나

'점'으로 구성된 것이 아니라, 다른 속도로 끊임없이 진동하는 극도로 미세한 원형의 '끈'이라고 말한다. 이 끈들은 서로 연결되거나 뒤얽혀서 '초끈'을 만들어내는 능력을 지녔다.

'초끈' 진동이 마음으로 만들어질 수 있을까? 우리가 사람들이 말다툼을 벌이던 방으로 들어갔을 때, 들어선 그 순간 비록 다툼이 멈추었을지라도 불쾌한 진동의 방에 들어섰음을 안다. 그걸 느낄 수 있다. 다투던 그들이 그런 진동을 만들어냈을까?

느낌은 공기 중에서 느껴질 수 있다. 그리고 좀 더 작은 공간일수록, 느끼기가 더 쉽다. 느낌(곧 에너지)은 한 공간에 응집되어 있고, 사람이 적을수록 섞인 진동은 더 적을 것이고, 에너지가 덜 희석되어 구별하기가 훨씬 더 쉬워지기 때문이다.

우리는 모두 우리 주위를 흐르는 에너지 진동을 만들어낸다. 우리는 파동을 일으키고, 우리 자신도 파동이다. 우리는 우리 둘레로 소용돌이치는 에너지 장에서 끊임없이 바뀌고 있는 변화다. 그 결과, 우리의 파동은 자신의 에너지 장에 인접한 에너지 장에 다른 변동 또는 '혼동'을 만들고, 그것은 그 주변의 장에 영향을 끼치고, 그것은 또 그 주변의 장에 영향을 주고, 이런 과정은 그렇게 밖으로 그리고 영원히 밖으로 계속된다. 그리하여 그 근원에서 진동이 뻗어 가는 거리가 멀수록 점점 더 규모가 큰 영역의 장과 접촉하지만, 그 근원에서 멀어질수록 영향력은 점점 더 작아지는 영원한 에너지의 확산이 된다.

이런 식으로 모든 생각은 전 세계에(어느 정도는 우주에도) 영향을 미친다. 얼마나? 대부분 사람이 발산하는 에너지의 집중도와 일관성이 모자라기 때문에, 아주 의미 있을 정도는 아닐 것이다. 그러나 만일 그 에너지가 집중되고 일관되어, 줄기차게 명료하고 레이저 바늘 끝처럼 예리해진다면, 주변에 있는 에너지 장의 어떤 장애물도 실제로 헤쳐나가, 우리가 개인적으로 선택하는 형태로 그 장을 새롭게 변경할 수 있다.

다수 사람이 자신의 개인적인 현실에 깊이 작용하고 극적으로 영향을 끼치는 법을 터득한 방식이 바로 이거다. 그들은 자신이 선택한 삶을 산다. 그리고 많은 개인이 집단적으로 같은 선택을 한다면, 집단의식이 결합한 에너지가 어떤 환경에서든지 더 큰 현실에 즉각적으로 감지할 수 있는 영향을 끼칠 수 있다. 궁극적으로 이것은 지상의 생활에 영향을 줄 수 있다.

여기에서 비결은 집중과 일관성이다. 느낌이 연료요, 생각이 도구다. 어떻게 집중하고 일관성을 유지하는가? 여기서도 역시 우리에게 이해하기 쉽고, 쓰기 쉬운 메커니즘을 줬다. 그 메커니즘은 바로 의도다.

우리는 매 순간 의도로써 창조적 에너지에 영향을 끼치고 있다. 우리는 의식적이든 무의식적이든 언제나 이렇게 한다. 우리는 우리 의도가 우리에게 명확한 정도만큼만 의식적으로 창조한다. 우리의 의도가 우리 자신조차도 인식하지 못하는(잠재의식적 반응) 부차적인 의도에서 비롯되는 그만큼, 우리 에너지는 흐트러지게 되며, 우리 인생에서 어떤 특별하거나 바라던 결과를 산출하기가 매우 어렵게 된다.

삶은 삶에 관한 당신의 의도에 따라 좌우된다.

이것은 전에도 자주 언급되었다. 당신은 지금 이것에 주의를 기울이도록 초대받았다. 당신의 의도에 주의를 기울여라. 의도가 명확해지기 위한 첫걸음으로 우선 죄의식과 두려움을 놓아버려라. 그것들은 의도를 흐리게 할 뿐이기 때문이다.

29.

신이 원하는 것과 삶의 과정과 순수한 창조에 관한 이 모든 논의에서 당신이 주목할 한 가지가 있다. 당신이 그 모든 것의 중심이라는 것이다.

신에 관한 당신의 이해에서 놓친 단 한 가지가 있었다.

'당신'이다.

놓친 건 바로 '당신'이었다. 더 놓친 건 없다.

잃은 적이 있지만 이제 찾아냈다. 당신은 신 안에서 당신 자신을 찾아냈고, 당신 안에서 신을 찾아냈다.

신은 한 존재, 또는 달리 보면, 신은 되고 있는 하나이다.

그러면 신은 무엇이 되고 있는가? 신은 신인 것이 되고 있다.

이것을 생각해보라.

가슴 깊이 숙고해보라.

이제 이해가 넓어지면, 신은 신인 것이 **되고** 있다는 말이 명확해진다. '되는 것being'과 '있는 것isness'은 같다. 신은 신인 것이 되고 있고, 신은 신이 되고 있는 것이다. 이것은 순환으로 시작도 끝도 없다. 존재하지 않는 것을 찾아봐야 헛수고이니, 시작이나 끝을 찾지 마라. 오직 존재하는 것만이 있다. 오직 유일신만 있다. 무슨 신인가? 아도나이? 알라? 엘로힘? 하레? 여호아? 크리슈나? 주? 라마? 비쉬누? 야훼?

그 모든 것이다.

말이 줄어들기 시작한다. 말이란 가장 믿음직하지 못한 교류 방식이다. 점차 뜻을 깊이 탐구해 감에 따라, 점점 말이 떨어져 나간다면 말은 최선의 역할을 한 셈이다.

신은 '신이 무엇인지'가 되고 있다.

신은 무슨 신이 되고 있다?

신은 뭐가 되고 있다?

신은 되고 있다.

신은 있다.

신.

30.

신은 신이다. 또는 신의 말씀을 빌자면,
아이 앰 댓 아이 앰.(I AM THAT I AM.)
나는 성장기 동안 이 말을 자주 들었다.
'아이 앰 댓 아이 앰', 주께서 말씀하시니라.

나는 그 의미가 무엇인지 몰랐다. 그런데 몇 년이 지난 어느 날, 나는 주임 교사와 함께 길을 걷고 있었다. 나는 건물에 기대어 드러누운 한 남자를 보았다. 그는 불결하고, 냄새나고, 수염도 깎지 않았으며, 축 늘어진 손에 빈 술병을 들고, 코를 골며 잠들어 있었다. "신의 은총이 없었다면 나도 저렇게 되었겠지." 내가 낮은 목소리로 말했다. 그 교사는 나를 보더니 이렇게 말했다. "아니. 신의 은총 덕분에 네가 저렇게 되었다."

무슨 뜻인지 이해를 못 하자, 그가 설명했다.

"네가 네 밖의 무언가를 볼 때마다, 그것과 너를 분리하지 말고 그것과 동화되어라. 그것과 하나가 되어라. 너는 모든 것과 하나다. 너 자신에게 분리의 사고방식을 권하지 마라. 저 남자를 보고 '술에 취해 나 저기에 있네.'라고 말해라. 인기 영화배우를 보면 '유명해져서 나 저기에 있네.'라고 말해라. 풀을 보면 '풀이 되어 나 저기에 있네.'라고 말해라. 네가 곳곳에 있는 것으로 보기를 계속하라. 그저 바라보고 '나는 저것이다.'라고 말해라. 매일 실행하면, 석 달 안에, 삶에 관한 전혀 다른 전망이 생기게 되리라."

그래서 나는 그렇게 했다. 머릿속으로 이걸 말하면서 걸어 다녔다. 뭔가를 보면 나 자신에게 말하곤 했다. '나는 저것이다.' 하루는 나와 같이 걷고 있던 사람에게 왜 내가 그렇게 깊이 사물을 보는지 설명하고 있었다. 틀림없이 나는 얼굴에 비밀을 누설하는 모종의 표정을 짓고 있었다. 그래서 그가 질문했다. "무슨 생각을 하는 거야?" "글쎄, 사실 내가 저것이라고 생각하고 있었어."

"네가 저것이라니? 무슨 말을 하는 거야?"

그래서 나는 "나는 이것이고, 나는 저것이고, 또 나는 저것…"이라 말하며 내 주변을 손으로 가리키기 시작했다. 친구는 말을 가로막았다. "아니, 넌 저것이 아니고, 너는 너야." 그래서 내가 대답했다. "아니 꼭 그런 건 아니지. 궁극의 실상에서는 그렇지 않아. 환상의 세상에서 나는 이쪽의 '나'지만, 궁극의 실상에서 나는 이쪽의 '나'이면서 나는 저것이지."

친구는 미심쩍은 표정으로 나를 노려보았다.

내가 말했다. "아니, 정말 나는 저것이고… 또 나는…"

그때 나는 등이 오싹하였다. 갑자기 사물들을 가리키며, 믿으려 하지 않는 세상에 대고 "나는 저것이고, 나는.I am that, I am."라고 말하며 걷고 있는 신이 떠올랐다.

그 순간 나는 자유로워졌다.

이제 당신도 자유다.

당신이 자신에 관해 늘 품었던 그 모든 제한된 생각에서 자유. 신과 당신이 분리되어 있다는, 당신이 여전히 붙들고 있을 수 있는 그 모든 관념에서 자유.

그리고 온 세상의 영혼들이 해방될 수 있다. 새로운 영성은 '영적 권리운동'이고, 분리되고 분노하고 폭력적이며 두려운 신이라는 믿음에 의한 억압에서 마침내 인류를 자유롭게 한다.

인간은 언제나 자유로웠다. 단지 몰랐을 뿐이다.

당신도, 당신의 선조도, 선조의 선조도 신의 기대를 저버린 적이 없다. 신은 당신에게 어떤 명령도 내린 적이 없었기에, 당신은 신에게 불복종한 적이 절대 없었다. 신이 누구에게 명령하겠는가? 또 신이 자신의 명령을 어겼다고 누구에게 벌을 내리겠는가? 신이 오른손으로 신의 왼손을 때리기라도 한단 말인가?

참으로 새로운 영성이 세상에 출현하고 있으며, '하나됨'이라는 발상이 그 핵심이다. 이 사실은 불필요의 개념을 가능케 한다. 신성은 전체요 완전하니 필요하거나 요구할 것이 없다.

다시 한 번 명확히 하자면, 이 새로운 영성은 새천년에 걸맞게 더 넓은 진리와 더 탁월한 적절함으로, 현 인류의 종교를 대체하는 게 아니라 확장시키며, 제거하는 게 아니라 새롭게 하며, 무시하는 게 아니라 소생시킨다.

이 새로운 영성에는 신성모독이 없고 배교나 불경 이단도 없지만, 그것은 지금까지 세계 주류 종교의 가르침과 매우 다르다. 바로 이런 까닭에 인류에게는 막대한 가치가 있다.

당신들을 죽이고 있는 것은 신과 삶에 관한 변함없는 케케묵은 이야기다. 똑같은 생각, 똑같은 말, 똑같은 행위.

그래서 여기 세 마디로 된 새로운 영성이 있다.

신은 모든 것이다.

얼마나 심오한 계시인가! 얼마나 놀라운 통찰인가! 삶을 바꿔주는 인식 아닌가!

이 인식에서 흠 없는 결론이 나온다.

신은 아무것도 원하지 않는다.

당신은 즉시 이해하고, 단번에 알아보기 시작한다. 맹목적이었지만 이제는 안다.

우리 인간존재는 '악마의 유혹'에서 구원받을 필요가 없다. 우리를 자신에게서 구원해야 한다. 우리는 바로 이 지상에서 자신을 지옥으로 집어넣겠다며 협박하고 있다. 그래도 우리는 지상에 천국을 건설할 수 있긴 하지만, 이제 슬기롭게 선택해야만 하리라.

우리는 고대 신화, 아주 오래된 문화 이야기, 낡은 신학을 선택할지, 아니면 하나로서 표현해, 삶 자체의 영광을 삶으로 투영하고, 마침내 온 인류의 삶에 새로운 방식의 가능성을 만들어냄으로써, 합일된 신과 세상에 관한 새 진리, 더 큰 지혜, 더 원대한 비전을 선택할지의 갈림길에 있다.

우리는 어제와 내일 중에서 선택해야 한다.

인류에게 내일의 신에 관한 놀라운 가능성, 또 이 새로운 신이 창조할 수 있는 세상을 탐구해보라는 초대장이 도착했다.

물론, 그것은 '새로운 신'이 아니라, 단지 '현재의 신', '하나의 신', '존재하는 한가지'에 관한 새로운 이해일 뿐이다.

이 새로운 이해는 예언된 지복 천년의 서막이 될 수 있고, 영광의 황금기를 열 수 있다.

31.

극소수의 사람들이 이 책에 있는 것을 믿을 것이다.

어쨌든 처음에는.

모든 이가 여기에서 밝힌 것이 마땅하다고 받아들일 날이 올 것이다. 그날에는 이 모든 게 너무나 명백한 것으로 보이리라. 오늘날에도 일부에게는 명백하다. 바로 지금 이 책의 메시지를 믿을 사람도 있다. 이들 중 소수는 가만히 앉아 있기가 힘겨울 것이다. 그들은 이 메시지가 세상 모든 것을 바꿀 수 있음을 즉각 알아보기에, 들은 것으로 뭔가를 하고 싶을 것이다.

이들은 미지의 영역으로 걸어 들어가, 뒤따를 사람들을 위해 길을 개척하고, 용감한 자만이 꿀 수 있는 꿈을 꾸는 두렵지 않은 자가 될 것이다.

그들은 눈에 잘 띄는 위치에 서지 않을 것이나, 이내 참으로 세상을 비추는 횃불로 보일 것이다. 높은 권력의 지위에 있지는 않겠지만, 머지않아 전 인류가 자신의 재능을 되찾고, 마침내 자신의 운명을 실현하도록 힘있게 할 것이다. 그리하여 그들은 지상의 삶을 놀랄 만한 방식으로 바꾸는 인간존재가 될 것이다. 그리고 이것이 자신들의 유산이 될 것이다.

당신도 이 선택된 소수의 일원이 될 수 있다. 이제는 어떤 오해도 왜곡도 부정될 수 없도록 이 책에서 너무나 단순한 말로 밝혀진 이 메시지에 당신의 혼이 기쁨으로 도약한다면, 당신이 바로 그 사람이다. 이 메시지의 결과로 당신 자신의 삶과 곳곳의 사람들을 위한 새로운 가능성을 향해 당신의 마음이 바빠진다면, 당신이 바로 그 사람이다.

당신이 바로 그 사람이라면, 이 책에서 발견한 메시지대로 살기 시작하는 당신을 볼 수 있다. 그리고 당신의 그런 삶 덕분에 당신은 자신의 체험에서 우러나온 극적인 대안들을 타인들이 숙고하도록 조용히 초대하고 있을 것이다. 왜냐하면, 그들은 당신의 행위를 무시할 수 없을 것이고, 당신이 무엇을 아는지 또 어떻게 그것을 알게 됐는지도 궁금해할 것이기에.

이 시점이 내가 '조용한 초대'라고 부르는 것을 당신이 펼칠 완벽한 때일 것이다. 당신의 행동, 실생활이 조용한 초대의 첫 부분이다. 곧 당신 주위의 사람들은 당신이 제시하는 놀라운 가능성을 탐구하고 싶어질 것이다. 그들이 당신에게 어떻게 그토록 오랫동안 평화·기쁨·사랑으로 세상을 살아가는 게 가능한지를 묻는다면, 당신은 대답할 것이다. 개조하거나 개종시키려는 어떠한 시도도 없이 조용히, 당신이 세상·삶·신에 관해 이해한 바를 꾸밈없이 말할 것이다.

이러한 발상이 세상을 뒤바꿔놓을 수 있고, 또 세상이 지금 당장에라도 조금 뒤바뀐 전환을 이용할 수 있음을 당신은 알기 때문에 이런 일을 할 것이다. 또 당신 같은 사람이 이것을 하지 않으면 누구도 하지 않을 것임을 알기에 할 것이다.

여기에 소개된 메시지가 영향력과 지명도 있는 지위의 많은 이들의 시선을 끌리라는 것은 사실이다. 이것은 너무나도 놀라운 메시지여서 정부, 기업, 언론, 연예, 스포츠, 학계, 종교의 주요 인사들에게도 닿지 않을 수 없다. 이들 중 소수는 실제로 이 메시지에 동의하리라는 것 역시 사실이지만, 거의 그것을 수용할 수는 없을 것이다.

영향력과 권력 있는 유명인들은 너무 많은 사람을 불편하게 만들고 싶어하지 않는다. 이것이 명성이 안고 있는 문제다. 만일 당신이 명성과 결혼하면, 종종 능력과는 이혼하게 된다. 그래서 유명인들은 이런 발상들이 관습을 무너뜨린다는 점에 동의할지 모르지만, 이것을 공개적으로 활성화하는 데 도움되리라 우리는 기대할 수 없다. 일부는 하겠지만, 대다수는 하지 않는다.

타락은 양심, 마음, 의지를 포함하여 여러 형태로 나타난다. 이것 중에 의지의 타락이 가장 파괴적이다.

대부분의 타락은 사람들이 행하는 것에 의해서가 아니라 행하지 않는 것에 의해 세상에 자리 잡는다. 아무것도 하지 않는 것은 뭔지 하는 것이다. 아무것도 말하지 않는 것은 '동의한다$_{yes}$'라고 말하는 것이다.

결론부터 말한다면, '반대한다$_{No}$'라고 말해야 한다.

중요한 지위에 앉은 사람들이 신과 삶에 관한 인류의 현재 관념에 'No'라고 말하기가 어려우므로, 새로운 발상이 더 많은 사람에게 도달해서 그들이 숙고하고 탐구하게 하려면, 우리는 새 지도부$_{leadership}$를 찾아내야만 할 것이다.

새 지도자의 일원이 되는 첫째 요건은 의지력이다. 인류는 집단

의지를 되찾아야 하고, 새 지도자는 그 길을 인도함으로써 의지를 인류에게 보여주어야 한다.

여기가 당신이 참여하는 곳이다.

당신 영혼의 부름에 따라 이 순간 이런 치유의 메시지로 자신을 이끌었다는 가능성을 고려해보라. 그것은 날아오르라는 부름이다. 그것은 무관심한 세상에 당신이 **변화를 일으키라는** 내면 깊은 곳에서 솟아오르는 열망의 느낌이다.

이런 무관심 때문에 우리는 세상을 빼앗겼다. 우리가 꿈꿔왔던 삶은 서서히 자포자기하는 악몽으로 변하고 있고, 지금 깨어나지 않으면 그 악몽은 계속될 것이다.

우리는 많은 이들의 희망에서 해가 지는 것을 보았다. 그러나 헤밍웨이의 말처럼, 해는 또다시 떠오른다. 아직도 동틀 때까지 잠자려 하는가? 지금은 인류가 깰 시기이다.

한 사람씩 한 사람씩 일어나 서로 정답게 깨워주려는가?

저자 후기

이 책은 당신이 지금까지 읽은 것 중 매우 중요한 책 중의 하나라고 해도 과언이 아니다. 당신이 동의하든 동의하지 않던 진실이다.

비록 당신이 이 책에 동의하지 않더라도, 나는 이것 덕분에 당신이 자신의 관점에 관해 이전보다 더욱 명확해졌다는데 의구심이 없고, 그리고 그건 유익한 일이다. 만일 당신이 이 책에 동의한다면, 나는 이 책이 도움되었다고 똑같이 확신한다.

이 책의 목적은 그 내용에 당신이 동의하게 하는 것이 아니라, 훨씬 더 중요한 것, 즉 '신이 누구인지'와 '신이 무엇을 원하는지'에 관한 논의를 다시 시작하기 위해서다. 만약 이 책이 그런 것을, 오로지 그것만을 해왔다면, 그 목적에 이바지했을 것이다.

나는 함께 이런 주제에 관한 탐구를 하는 당신의 용기에 감사하고 싶다. 당신도 나도 알다시피, 신에 관한 새롭거나 다른 의견이면 뭐든 다수 사람이 말린다. 이들은 신에 관해 알 만한 것은 죄다 안다고 말하는 사람들이다. 그들은 당신에게 신이 가장 원하지 않는 것이 신이 원하는 것에 관한 새로운 생각이라고 말한다.

새로운 생각은 절대 허용되지 않는다. 그것이 법이다. 새로운 생각으로 나아가는 어떤 움직임도 악마의 짓이라고 한다. 신사고 운동은 사탄의 일로 여긴다. 만약 당신이 여기서 발견되는 새로운 사고를 진지하게 탐구라도 할라치면, 그 사상을 받아들이는 건 말할 것도 없이, 영혼의 구원은 요원해진다고 말하는 사람들이 바로 그들이다.

만약 인류가 새로운 사상에 취하는 태도를 과학·기술·의학 분야에서도 똑같이 적용했더라면, 지난 300년 동안에 진보라는 건 사실상 없었을 것이다. 심지어 그 분야들에서조차도 새로운 발상을 받아들이는 데 종종 느렸던 것이 사실이지만, 적어도 그것들은 허용되었다. 최소한 그것들이 소개될 수 있었고 마침내 논의될 수도 있었다.

그런데 신학에는 그렇지 않았다. 특정 문화권에서 일반적으로 수용된 관념과 배치되는 것이라면, 신과 삶에 관한 어떤 진지한 논의도 단념토록 방해받는 것은 물론이거니와, 몇몇 지역에서는 신앙을 저버린 것으로 낙인찍혀 처벌되기도 한다. 심지어는 전지 전능자에 관해 생각을 달리하는 소설작품조차도 탐구될 수 없다. 살만 루시디Salman Rushdie를 기억하는가?

미국에서는 대립적인 양상은 약간 덜하지만, 신에 관한 놀라운 새로운 발상은 단순히 무시된다. 나는 신과 관련된 뉴욕타임스 베스트셀러 5편을 썼는데도 그 신문은 단 한 권의 책에 대해서도 평론을 달지 않았다.

가장 신성한 믿음에 관해서라면, 우리 사회는 교리에 어긋나거나 심지어 그것에 의문을 제기하는 새 발상은 용납하지 않으려 한다. 그러니 우리는 1세기 도덕·윤리·정신적인 도구들로 21세기 현실을 건설하려고 애쓰고 있다. 이것은 날카로운 돌을 들고 현대의 수술실로 들어가는 외과의사의 모습과 다를 바 없다.

그와 같은 원시적인 도구들로 우리의 미래를 건설할 필요는 없다. 신에 관한 새 발상과 사고에 관한 금지를 제거할 수 있고 제거해야 한다. 신과 신이 원하는 것에 관한 새로운 논의가 시작되어야 한다.

종교가 오늘날 세상의 평화에 가장 큰 걸림돌이다. 그 점에 관해 실수하지 말자. 그 사실을 논하기를 피하지도 말자. 해리스Harris 조사에서 미국인의 69퍼센트가 했던 것처럼 하자. 그것을 있는 그대로 말하자.

이 문제가 너무나 분명해져서 뉴욕 타임스 칼럼리스트인 니콜라스 크리스토프Nicholas Kristof는 2004년 7월 17일자에 다음과 같은 글을 쓰게 되었다.

"만일 Left Behind(뒤에 남은 자) 복음주의 스릴러물 시리즈(16권으로 이루어진 예수 재림시의 기독교 종말론을 다룬 베스트셀러 소설로 3편의 액션 스릴러 영화로 제작되고 PC게임 Left Behind-Eternal Forces로도 만들어짐: 역주) 중 가장 최근의 내용을 믿자면, 예수는 지상으로 돌아와 비교도들을 자신의 왼쪽으로 모아서 그들을 영원한 불구덩이 속으로 집어던질 것이다."

"예수가 그저 한 손을 약간만 들어 올리니 땅이 입을 크게 벌려 틈이 갈라지더니 점점 더 멀리 뻗어서 그들 모두를 삼켜버렸다. 사람들이 굴러 들어가면서 울부짖는 비명이 진동하지만 그들의 외침은 곧 진정되고 땅이 다시 닫혔을 때 만사가 고요해졌다."

"이것들은 미국의 성인용 베스트셀러 소설들이고 전 세계에 6

천만 부 이상이 팔렸다. 가장 최근의 것은 「영광의 재림」Glorious Appearing(Left Behind 시리즈의 12번째 책으로 아마겟돈 전쟁과 7년의 환란 시기가 최고조에 달할 때 예수의 재림을 다룬 내용: 역주)인데 여기서 예수는 지상으로 돌아와 지구에서 모든 비교도들을 휩쓸어버렸다. 인종 청소가 최고의 경건한 행위로 찬양되는 것을 발견하면 당혹스럽다."

"만일 한 이슬람교도가 「영광의 재림」의 이슬람 번역본을 만들어 신이 수백만 명의 비非이슬람교도들을 집단학살하는 것을 기쁨에 넘쳐 묘사하는 내용을 사우디아라비아에 출간한다면, 우리는 졸도할 지경이 될 것이다. 우리가 이슬람 근본주의가 편협성을 부추긴다고 본 것은 타당하지만, 우리 자신의 눈에서도 티끌을 제거할 때다."

같은 칼럼에서 크리스토프가 계속한다. "사우디아라비아의 이슬람 근본주의가 하는 행위와 마찬가지로 현실세상에서 이것은 문제가 된다. 각각의 근본주의는 자기 자신과 같은 품위 있고 경건한 부류와 지옥으로 치닫는 이교도들을 도덕적으로 뚜렷이 구분하고 있다."

그다음 그 칼럼니스트는 "수백만 미국인들이 「영광의 재림」이 신의 의지를 묘사하고 있다고 생각하고 있고, 또 나는 누구의 종교적인 신앙도 비웃고 싶은 생각은 없으므로 이 칼럼을 쓰는 것을 몇 번이나 보류했었다. 하지만, 궁극적으로 나는 이 나라에서나 사우디아라비아에서나 종교를 말 못할 금기로 취급하는 것은 실수라고 본다."라고 내 느낌을 반영하는 말을 했다.

마지막으로 크리스토프는 자기 신문의 기고문을 이용해서 날카로운 질문을 던졌다.

"편협성이 종교적인 신앙에 뿌리를 두고 있다고 해서 우리가 그 편협성을 그냥 허가해도 된다는 건가?"

"많은 미국 기독교인들이 성경을 읽고 미국 흑인들이 노아의 아들 햄의 후손들로 저주받았으며 신에 의해 노예가 되기로 의도되었다고 생각했다. 19세기에 수백만 미국인들은 성경이 신의 말씀으로 노예 제도를 정당화한 것을 진심으로 받아들였다. 하지만, 만일 공개적으로 반대의사를 밝힌다면 누군가의 종교적 신앙을 중상모략하는 것으로 인식될 수도 있다는 단순한 이유로, 그와 같은 인종차별주의적인 난센스를 받아들였다면 그것은 확실히 잘못된 처사였을 것이다."

"사람들은 인종차별적인 신, 또는 수백만의 비非복음주의자들을 지옥으로 던져버리는 신을 믿을 권리가 있다. 그렇게 주장하는 책을 금지해야 한다고 생각하지는 않는다. 하지만, 베스트셀러 책들이 이교도를 향한 종교적인 편협성과 폭력을 의기양양하게 찬양할 때 우리는 당혹하지 않을 수 없다."

"그런 것은 미국이 지지하는 바도 아니오, 신이 그것을 지지할지도 의심스럽다. 나는 그렇지 않다고 확신한다."

진 휴스턴Jean Houston은 그녀의 비범한 책「생명력」Life Force에서 말한다. "우리가 사는 시대는 존재론적인 몰락의 진동 한복판에서 떨고 있다. 모든 것이 변하고 있다. 도덕적인 소명의식, 구조상의 기정사실들, 기준이 되는 정부·종교·경제가 변하고 있다.

합의한 현실이 붕괴하고 있다. 우리가 우리의 현실을 체계화했던 근본 구조가, 우리가 누구인지 그리고 왜, 어디에 우리가 존재하는지를 안다고 생각했던 근거로서의 삶과 절차상의 근본 구조가 붕괴하고 있다."

"우리가 우리 자신을 이해했던 세상(인류, 신, 현실과 도덕적·형이상학적 질서에 관한 어떤 전제로써 수천 년 전에 본질적인 소명의식으로 시작되었던 세상, 그리고 실존적인 삶의 관점에서 과학혁명으로 약 3백 년 전에 시작되었던 세상)은 이제는 작동하지 않는다. 임대기간이 종료되고, 그 패러다임이 서서히 무너지고, 우리가 자신을 이해할 수 있는 수단이나 기준점을 우리에게 이제는 제공하지 못하는 세상이다. 우리는 계속 달리다가, 절벽을 넘어 심연 위의 공중을 밟고 서서 자신의 곤경을 발견하고는 '이런!'이라고 말하는 만화의 고양이와 다르지 않다."

"한 시대의 종말과 그 종말의 발견 사이에는 간격이 있다. 우리는 그 간격의 자식이며 그 막간의 사람들이지만, 이보다 더 살기에 활기찰 때는 없다. 왜냐하면, 막간의 순간에 미래는 열려 있어서, 새로운 시대의 씨앗이 심어지고 있고, 새로운 신화가 나타나기 시작했기 때문이다."

당신이 그 과정에서 거들 수 있다. 나는 다수가 그러길 원한다는 것을 알고 있다. 나의 첫 번째 책이 출판되고 나서 내가 몇 년간 어떤 질문보다 더 많이 받았던 한 질문이 있다. 그 메시지가 주는 신선한 해방감에 깊이 감동했던 수천 명의 사람들이(나중에 계산해보니 편지와 이메일이 6만 통이 넘었다.) 나에게 질문했다. "이 메시지를 세상에 전하고, 더 멀리 전달하며, 이 발상들을 공유하고 확산하는 데 제가 도움될 어떤 일을 할 수 있을까요? 신의 조건 없는 사랑에 관한 놀라운 메시지들이 저에게 영향을 주었던 것처럼, 만일 다른 사람들에게도 영향을 줄 수 있다면, 저는 그들이 세상을 바꿀 수 있다는 것을 압니다. 어떻게 하면 사람들이 최소한 그것들에 관해 이야기를 나누게 할 수 있을까요?"

사람들이 그것들에 관해 이야기를 나누고 있다는 걸 알면 당신은 기쁠 것이다. 당신이 손에 들고 있는 책은 전 세계에서 읽힐 것이니, 바로 여기에 도약이 있다. 아직 할 일은 많지만, 출발선에서 시작하는 건 아니다. 우리는 여기서 훌륭한 기회를 맞았다. 인류는 훌륭한 기회를 맞았다.

지금은 우리에게 새로운 영성이 지상에 출현할 수 있는 여지를 창출할 기회다. 새로운 영성이란 어떤 식으로든 우리의 신앙적인 전통을 방해하거나 허무는 것이 아니라, 그것에 새로운 활력을 불어넣고, 다시 새롭게 하고, 다시 활기차게 하며 확장시키고, 그것을 번성하게 하며, 그들이 이해한 신에게 접근하는 방식에서 아무도 그릇되게 하지 않으며, 신의 이름으로 저주나 갈등을 만들어내지 않는 통합된 방식으로 마침내 신성의 개별화된 체험을 세상에 가져다주는 그런 종류의 영성이다.

이것이 종교에 너무 많이 요구하는 것인가?

그런가?

나는 그렇게 생각하지 않지만, 나는 이처럼 치유된 영성이 당신 없이는 지상에 완전히 출현할 수 없음을 안다. 당신이 창조주요 그 메시지의 메신저임이 틀림없기 때문이다. 이것이 당신에겐 너무 과한 임무인가? 아니다. 우선 당신의 가정에서, 자녀 교육에서, 가족과 상호작용에서 당신이 할 수 있는 일들이 많다. 그리고 당신이 매일 접촉하는 장소들인 사무실, 가게, 은행, 쇼핑몰, 인터넷에서. 당신의 에너지를, 당신의 바뀐 에너지를 그런 장소들로 가져가라. 당신에게 감동을 주었던 것, 즉 신의 참된 사랑, 신의 절대적인 수용, 신의 편안하게 하고, 강인하게 하고, 힘있게 하는 존재의 기쁨과 경이로움으로 그런 장소에 있는 사람들과 접촉하라. 당신이 세상에서 보고 싶은 그 변화가 되어라. 간디의 비범한 이 말은 아무리 반복해도 지나치지 않다.

그래서 우리는 여기서 우리의 현재 딜레마의 성질을 실생활의 관점으로 보게 된다. 문제는 지금 "뭐가 문제인가?"가 아니라 "우리가 문제에 관해 뭘 할 것인가?"이다.

변화의 주인공이 되는 이런 일은 당신이 생각하기보다 더 쉽고, 상상할 수 있는 것보다 더 효과가 있다. 그것은 모든 것을 바꿀 수 있다. 당신을, 당신 주변의 사람들을, 그들 주변의 사람들을, 그들 주변의 사람들의 주변 사람들을. 그리고 그렇게 계속된다.

정말로.

정말로.

그걸 믿어라.

이제 나는 당신이 이 일을 혼자 맡을 필요가 없음을 당신에게 알려주고 싶다. 그것은 놀라운 소식이요, 내가 당신이 이 모든 우려를 일소하길 바라는 희망 사항이기도 하다. 지금 수백 명, 수천 명 아니 수백만 명이 당신이 생각하듯이 생각하고 있다. "내가 할 수 있는 게 뭔가? 세상을 치유하기 위해, 더 나은 장소로 만들기 위해, 이 광기를 끝내기 위해 나의 작은 방식으로 어떻게 일할 수 있을까? 우리가 모두 우리의 믿음들을 살펴보고 자멸로 이끄는 그런 믿음들을 바꾸기 위해 내가 할 수 있는 일이 뭘까?"라고 생각한다.

그래서 당신에겐 동맹군이 있다. 당신에겐 동료가 있다. 그것은 존 케네디가 말했던 것과 같다. 흩어지면 우리가 할 수 있는 일은 거의 없다. 뭉치면 우리가 못할 일이 거의 없다.

그러니, 우리 함께 일하자.

우리가 뭘 하기로 선택하건 간에, 그것을 홀로 할 수는 없다. 여기를 바꾸려면 우리 한 명 이상(우리 몇 명 이상)이 필요할 것이다. 그래서 나는 지금 과감히 시작하고 있고, 어떤 이는 무모하다 할지 모르지만, 탐색하고 있다.

나는 「신나이」 책들이 전 세계의 수백만의 사람들에게 감동을 주었으며 무수한 삶을 더 나은 것으로 바꿨음을 알고 있다. 만약 우리가 그런 독자들의 일부만이라도 발견해서 새로운 영성의 창조를 향해 지금 함께 일하자고 요청할 수 있다면, 마침내 우리는 제대로 된 세상으로 바꿀 수 있는, 막을 수 없는 힘과 인간 에너지의 무한한 원천을 생성할 수 있을 것이다.

당신이 나를 고무한다!

닐 도널드 월쉬

2005년 1월
애쉬랜드, 오리건 주

추신: 물론, 새로운 영성의 메시지를 세상으로 옮기기 위해 당신이 할 수 있는 가장 빠른 일은 이 책 한 권을 전하는 것이다. 나는 당신이 이 책을 여러 사람의 손에 들려주기를 바란다.

❈❈❈❈❈

실재하는 현실과 싸워선
절대 상황을 바꾸지 못한다.
상황을 바꾸기 위해서는
실재하는 모델을 쓸모없게 하는
새로운 모델을 구축하라.
― R. 버크민스터 풀러 ―

❈❈❈❈❈

음식과 건강

주변의 많은 분이 지금은 육식하지 않고, 밥을 잘 먹고 있으니 건강식을 하고 있다고 오해하고 있는 현상에 접하여, 그것에 관해 우리가 탐구한 정보를 공유하여 이 땅의 구성원들에게 먹을거리에 관련한 진실을 인식하는 기회로 삼고 싶습니다.

서적「내일의 신」에서 "제대로 먹어라. 너희는 자신이 섭취하는 음식으로 자기 마음을 둔감하게 하며 몸을 죽이고 있다. 그 영향은 느리고 잠복하는 성향이 있다. 너희는 그 영향이 실제로 발현될 때까지 그 일이 진행됨을 알지 못하다가, 나중에 그것을 되돌리려 할 때 그건 대단히 어렵다."라고 언급합니다. 특히 '단기적 욕망', '지나친 것'에 관한 경고를 하고 있습니다. 그럼에도 '고기와 단팥빵'을 자신의 제사상에 올려달라는 어느 분의 표현은 '단기적 욕망'을 쫓고 있는 우리 자신의 모습을 상징적으로 보여줍니다.

과지방의 해로움은 알고 있어서 이제는 많은 분이 육류에 관한 경각심이 생겨서 다들 조심하지만, 그래도 고기 먹어야 힘이 생기고, 사골이나 우유를 많이 먹어야 뼈가 튼튼해지며, 좋은 단백질을 먹으면 훨씬 몸이 좋아지리라는 기대로 기회가 되면, 특히나 회식 때에는 고기를 먹는 것이 일상화된 실정입니다. 게다가 과거에 가난해서 못 먹은 한에 관한 반대급부로 자녀들에게는 육류 등을 마음껏 먹게 합니다.

이런저런 방식으로 과잉 섭취한 단백질 때문에 몸은 빨리 성장하고 튼튼해지는 듯하지만, 알다시피 몸은 영양분을 단기적으로 글리코젠으로 저장해 쓰고 소비하고 남는 열량을 장기적으로 중성지방, 즉 비계로 저장하기에 이것이 계속되면 비만에 이르게 됩니다. 사실 단백질은 1일 필요량만 있으면 됩니다.(1일 단백질 필요량도 과대 포장되어 있음) 그것도 식물성 단백질로도(필수 아미노산에 관한 정보도 직접 조사해 보시길.) 충분합니다.

어떤 단백질을 먹어도 장에서 아미노산으로 분해해서 간에서 다시 몸에 필요한 단백질로 합성하기에 사실상 더 좋은 단백질이 몸에는 무의미한 것입니다. 고단백 특히나 동물성 단백질은 고高산성 식품이기에 체액의 농도를 맞추기 위해 알칼리원소인 뼛속(특히 치아)의 칼슘을 빼내므로 치주염·골다공증·관절염·통풍 등을 유발합니다. 또 쓰고 남은 열량은 더는 저장할 곳이 부족해지면 중성지방으로 피에 남아 피가 끈적해지는 고지혈증(대부분 의사는 이 증세를 자세히 이야기하지 않고 다만 조심하라고만 합니다만, 이 증세가 여러 요인의 결과이기도 하지만, 실제로는 이 증세에서 혈관계 질병 대부분이 시작되는 아주 심각한 증세입니다. 이 상태에서 좀 더 증세가 악화해야만 의료기관에 돈벌이가 된다고 볼 수도 있습니다.)이 되면서, 처음에는 몸의 이상 증세가 가끔 일어나기 시작(각자의 몸 상태에 따라 나타나는 현상이 다양합니다.)하면서, 동맥의 벽에 기름찌꺼기를 형성하여 고혈압, 협심증, 심근경색증, 중풍, 혈관성치매, 치아 문제, 골다공증, 관절염, 통풍, 류머티스, 백내장, 신장염, 담석증, 동맥경화, 부종, 요통, 피부노화를 일으킬(대부분 병의 원인임) 수 있습니다.

그러니 튼튼한 뼈와 맑은 피를 유지하려면 단백질 섭취를 절제할 수 있어야 하고, 칼슘을 잘 섭취하여 원활한 '칼슘 대사작용'(몸에 중요한 이 칼슘을 제대로 섭취하기가 쉽지 않습니다. 이것도 깊은 공부가 있어야만 합니다. 칼슘이 풍부하다고 알고 있는 우유, 설렁탕, 멸치 등에서 칼슘 섭취는 거의 어렵습니다. 오히려 뼈의 외형은 커지지만, 단백질과 나트륨 등의 과다 섭취로 뼛속의 밀도가 줄어들어 골다공증이 진행됩니다.)을 돕는 게 중요합니다. 또 몸에서 자동으로 필요한 양만큼 정확하게 만들어지고 있는 콜레스테롤은 사람의 몸에 꼭 필요한 성분이지만, 칼슘이나 단백질을 섭취하려고 먹는 동물성 식품에 있는 동물 단백질이 반드시 함께 섭취되어 피에 고지혈증을 일으키는 데 일조하는 것입니다.

그러면서 이런저런 요인으로 혈중에 인슐린이 충분히 있어도 결국 포도당을 세포로 전해주는 역할을 제대로 하지 못하는 현상인 '인슐린 저항성'이 생기면서 일명 '대사증후군'(병증은 있지만, 인과가 명확하지 않거나 복잡할 때 증후군이라는 표현을 씁니다.)이 시작되는 것입니다. 얼마 전까지 성인병(비만·동맥경화·고혈압·고지혈증·당뇨·지방간·골다공증·치매 등)이라고 불리던 병은 제대로 탐구해보면 거의 먹는 것에서 비롯됩니다. 그래서 이제는 어린 나이에도 걸리기에 성인병이라고 부르지 않고 '식생활습관병'이라고 합니다.

이처럼 우리가 관찰한 먹을거리에 관련해 나타나는 현상을 살펴보면, 처음에는 육류섭취에서 시작해 단백질 선호(특히 고단백)로 나아가고, 그다음 대부분 자신이 육류섭취를 잘하지 않기에 건강식을 하는 것으로 착각하는 탄수화물중독(당중독)에 이르더군요.

개인마다 차이는 있지만, 이때부터 인슐린 저항성이 시작되어 발생하는 저혈당·비만·고지혈증·동맥경화·고혈압 등 다양한 병증이 드러나기 시작합니다. 그러니까 건강에 해로운 고기를 적게 먹고 건강식이라고 여기는 밥(당류)을 주로 먹기 시작할 때가 실제로는 악화한 순환체계가 병증을 막 드러내기 시작할 때인 셈이지요. 지방과 단백질을 섭취하다 '단기적 만족'의 효과가 빠른 탄수화물(당)로 바뀌면, 대부분 육류를(거의 무의식적으로) 멀리하기에 건강한 식사를 하는 것으로 착각하기 때문입니다.

이때 공통으로 나타나는 현상이 식후 3시간 정도 지나면 간에 임시 저장된 글리코젠 분해 문제로 저혈당 상태가 되면 공복감을 느끼게 되고 먹을거리를 의식적이든 무의식적이든 배고프다고 찾습니다. 대부분 인체에서 가장 복잡하며 에너지를 많이 쓰고 포도당을 언제나 공급받아야 하는 뇌는 자동으로 당이 함유된 것들(커피, 과자 등 간식거리)을 끌어당긴답니다. 즉, 뇌는 자신이 필요한 당을 얻기 위해 몸을 자동으로 조종해 움직여서, 과자나 빵, 밀가루가 들어간 음식, 커피(설탕이 듬뿍 들어 있는 커피믹스에다 설탕을 더 넣는 분도 있음), 흰 쌀밥 등 다양한 방식으로 구실을 대고 정제당을 신속히 섭취하려고 발버둥칩니다. 이때 당을 알아내는 능력은 대단해서 당이 들어 있는 먹거리를 무의식적으로 아주 잘 찾아냅니다. 심하면 갑자기 몸을 피곤하게 한다거나 졸음이 오게 해서 그 해결책으로 사탕·초콜릿·커피·매실(대부분 담근 매실 액의 70%가 설탕) 등을 찾게끔 조종하는 것이 대표적인 실례입니다.

실제 겪어보면 이때 그들은 엄청난 염력을 발휘하는데, 그것이 바로 당에 중독되어 나타나는 괴력 중 하나랍니다. 이것이 알코올 중독자가 눈을 뜨면 술을 찾듯이 욕망을 충족하려고 기를 쓰는 것임에도, 오히려 일부 사람들은 몸의 느낌을 자신이 존중한다고 착각하는 경우가 대부분인 실정입니다. 때로는 남을 조종해서 먹고 싶은 것을 사오게도 해서, 우주나 신이 베푼 기적으로 여겨 오히려 신이 자신의 소망(알고 보면 욕망임)을 들어준 것이니 신이 자신에게 나쁜 것을 기적으로 갖다 주지는 않았으리라고 합리화하기도 하지만, 속셈은 그래야 자신이 먹는 것을 선택했다는 것에서 회피하기 위해서일 뿐입니다. 이럴 때 욕망이(특히 뇌의 욕망이) 충족되지 않으면 괜히 기분이 나빠져서 우울해지거나 주위에 신경질도 부립니다. 이때부터 이들이 당의 섭취를 줄이면 견디기 어려운 금단 현상이 나타나기 시작하니 결국 중독된 것입니다. 과단백질과 탄수화물이 마약이나 알코올 중독보다 더 잠복적이고 심각한 중독으로 이어진다는 사실은 거의 접해보지 못했을 것입니다. 그런데 자신이 중독되었다고 믿고 싶지(대부분 중독자가 자신이 중독자임을 인정하고 싶지 않듯이) 않겠지만, 사실은(특히, 내가 밥을 여러 차례 먹으면서도 건강식을 하고 있다고 여긴다면) 중독된 것입니다. 더구나 대다수 사람은 자신이 중독되어(대부분 중독현상이 그러하듯이) 있음에도, 그것을 인식조차도 못하고(당뇨에 걸려 있는지도 모르는 분도) 있습니다.

즉, 우리의 먹을거리에 관련한 중독은 육류중독 ⇒ 단백질중독 ⇒ 탄수화물중독(당중독) 순서로 진행됩니다. 특히 세 번째 당중독의 중반부에서 병증이 드러나기 시작했을 때 식생활습관을 완전히 바꾸기로 결단하지 않는다면, 본래의 상태로 돌이킬 수 없는 병증

(대표적으로 당뇨)으로 귀결됩니다.

그러면 정제당으로 된 음식 말고 뭘 먹어야 할까요? 단백질! 아니면 먹을 게 없다고요? 많습니다. 현미, 통밀 등 통곡식과 채소, 나물, 과일(될 수 있으면 껍질째 먹는), 해조류가 있습니다. 물론 식생활을 완전히 바꿔야 합니다. 우리 공동체도 점진적으로 해보았지만, 결국은 100% 실행했을 때에야 제대로 효과가 있었습니다. 주위의 시선을 의식해서는 어렵습니다. 외출이나 출근 시에 도시락도 각오해야겠지요. (어떤 분은 빨리 죽더라도 맛나게 먹겠다고 하는 분도 있겠지만.)

동학에서는 먹는 것을 '하느님'이라고 합니다. 먹는 것을 고귀한 생명으로 여기라는 말씀이지요. 그런데 지금의 우리는 먹는 것을 자기 '욕구와 욕망'의 충족 대상으로 여깁니다. 먹고 살기 어려웠던 한세대 전의 한恨으로 '먹는 게 남는 거'라는 핑계로 우리 사회는 지금 마음에서는 '물질창조 중독'을, 육체에서는 '식탐 중독'을 집단으로 겪고 있습니다.

우리는 여러분이 제대로 된 정보를 손수 확인하여 생명의 음식을 선택하길 바랍니다. (masters.or.kr의 '건강과 음식' 참고)

신업공동체